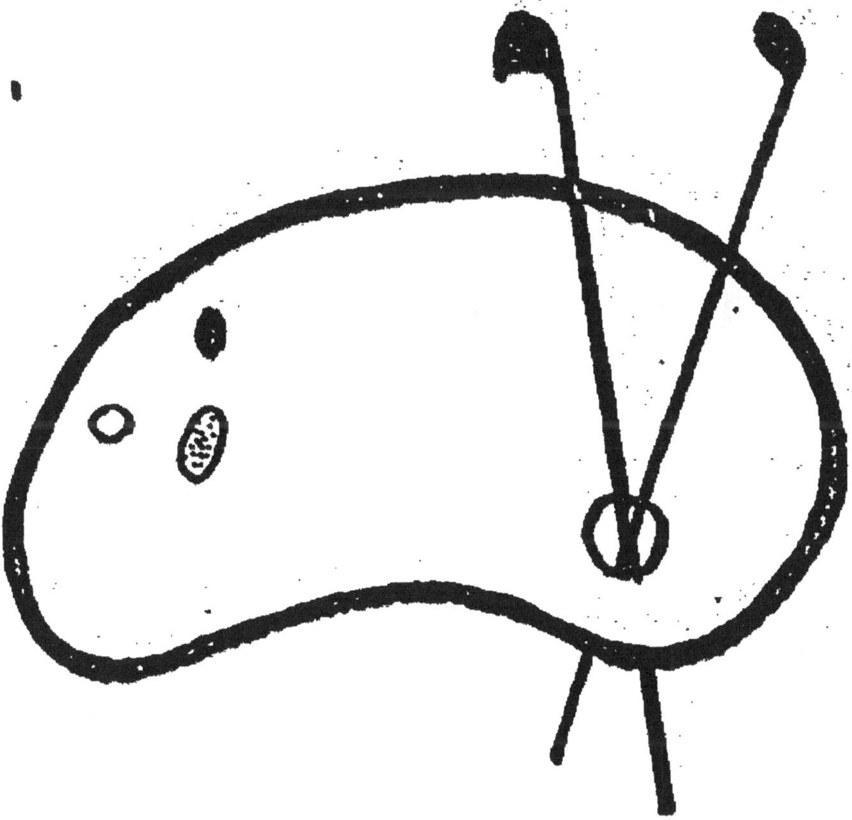

DEBUT D'UNE SERIE DE DOCUMENTS
EN COULEUR

ŒUVRES INÉDITES

DE

VICTOR HUGO

TOUTE LA LYRE

TOME PREMIER

PARIS

G. CHARPENTIER ET Cⁱᵉ, ÉDITEURS

11, RUE DE GRENELLE, 11

1889

BIBLIOTHÈQUE-CHARPENTIER

11, RUE DE GRENELLE, PARIS

Collection de volumes in-18 à 3 fr. 50

ŒUVRES INÉDITES DE VICTOR HUGO

CHOSES VUES

UN VOLUME

THÉATRE EN LIBERTÉ

UN VOLUME

LA FIN DE SATAN

UN VOLUME

Imprimeries réunies, A, rue Mignon, 2, Paris. — 15711.

TOUTE LA LYRE

I

BIBLIOTHÈQUE CHARPENTIER

à 3 fr. 50 le volume

ŒUVRES INÉDITES DE VICTOR HUGO

EN VENTE :

CHOSES VUES

THÉATRE EN LIBERTÉ

LA FIN DE SATAN

15713 — Imprimeries réunies, A, rue Mignon, 9, Paris

ŒUVRES INÉDITES
DE
VICTOR HUGO

TOUTE LA LYRE

I

PARIS
G. CHARPENTIER ET C⁽ᵉ⁾, ÉDITEURS
11, RUE DE GRENELLE, 11

1889

Tous droits réservés.

Aie une muse belluaire,
Sinon tu seras dévoré.
Le ciel t'offre un double suaire,
L'un étoilé, l'autre azuré ;

Va, revêts-les l'un après l'autre,
Et verse aux hommes, tour à tour,
Justicier sombre ou tendre apôtre,
Tantôt l'ombre et tantôt le jour.

Sois la nuit qui montre les astres ;
Puis sois le soleil tout à coup,
Témoin des biens et des désastres,
Éclairant tout, éclipsant tout.

Car tu ressembles au prophète
Qui foudroyait et souriait,
Et ton âme de flots est faite
Comme l'océan inquiet.

Sois par l'aigle et par la chouette
Contemplé dans l'horreur des bois ;
Sois l'immobile silhouette ;
Sois la lueur et sois la voix.

Le psaltérion formidable
Vibre en tes mains, ô barde roi,
Esprit, poëte, âme insondable !
Une aurore est derrière toi ;

L'ange en passant te fait des signes ;
Les lions te suivent des yeux ;
Et, comme sept immenses lignes
S'allongeant de la terre aux cieux,

TOUTE LA LYRE.

On voit, grâce à toi, qui sais lire
Dans le cœur des hommes mouvants,
L'ombre des cordes de la lyre
Sur tout ce que font les vivants.

10 avril 1876.

I

LES SEPT CORDES

I

L'ÉCHAFAUD

I

Les révolutions, ces grandes affranchies,
Sont farouches, étant filles des monarchies.

Donc, quand le genre humain voulut, enfin lassé,
Entrer dans l'avenir et sortir du passé,
Il n'aperçut pas d'autre ouverture que celle
Qui s'offrait, sous ce fer où l'éclair étincelle,
Entre ces deux poteaux, chambranles effrayants !

Oui, c'est la seule issue, hommes, troupeaux fuyants;
Sombre mystère! c'est par là qu'il faut qu'on sorte;
Hélas! c'est du passé la formidable porte!
Entrez dans l'avenir par ce pas sépulcral.
C'est à travers le mal qu'il faut sortir du mal.
Le genre humain, pour fuir de la sanglante ornière,
Marche sur une tête humaine, la dernière;
C'est avec de l'enfer qu'il commence les cieux;
Car l'homme en écrasant le monstre est monstrueux.

Éruption des droits de l'homme! Sombres laves!
Sortie exaspérée et fauve des esclaves!
Triste loi du reflux qui ne peut dévier!
Lugubre enfantement du vingt et un Janvier!
Tout un monde surgit, tout un monde s'écroule!

Fiacre horrible qui passe au milieu de la foule!
Sacerdoce et pouvoir sont là; que disent-ils?
Morne chuchotement de ces deux noirs profils!
Pendant qu'autour d'eux gronde, éclate et se proclame
La révolte du peuple et l'émeute de l'âme,
Pendant que, sur la terre et dans le firmament,
On entend le funèbre et double craquement
De l'ancien paradis et de l'ancien royaume,
Le roi spectre tout bas parle au prêtre fantôme.

Qu'est-ce qu'il avait fait, ce roi, ce condamné,
Ce patient pensif et pâle? Il était né.

Est-ce une injuste mort? Qui donc l'oserait dire?
C'est la punition; c'est aussi le martyre.
Responsabilité sombre de l'innocent !
O révolutions ! l'idéal est en sang;
Le sublime est horrible et l'horrible est sublime;
Et comment expliquer ces aspects de l'abîme?

—

Oh ! quels chocs de faisceaux, de tribuns, de pavois!
Je vois luire les fronts, j'entends parler les voix;
La lumière est accrue et l'ombre est agrandie;
Toute cette héroïque et vaste tragédie
Passe devant mes yeux comme par tourbillons.

La Marseillaise dit : Formez vos bataillons !
Là-bas, dans un rayon de gouffre et de colère,
Le vieux bonnet damné du forçat séculaire
Luit au bout d'une pique, étrange labarum.

Ce n'est pas un sénat, ce n'est pas un forum;
C'est un tas de titans qui vient tout reconstruire;
Ces colosses hagards se mettent à bruire ;
Nuit, tourmente; océan épouvantable et beau !
Chaque vague qui fuit s'appelle Mirabeau,
Robespierre, Brissot, Guadet, Buzot, Barnave,
Pétion... — Hébert salit l'écume de sa bave.

Et, submergé, saignant, arraché, mort, épars,
Le vieux dogme, partout, noyé de toutes parts,
Tombe, et tout le passé s'en va dans la même onde.

Danton parle; il est plein de la rumeur d'un monde;
C'est une idée et c'est un homme; il resplendit;
Il ébranle les cœurs et les murs; ce qu'il dit
Est semblable au passage orageux d'un quadrige ;
Un torrent de parole énorme qu'il dirige,
Un verbe surhumain, superbe, engloutissant,
S'écroule de sa bouche en tempête, et descend
Et coule et se répand sur la foule profonde.
Il bâtit? non, il brise; il détruit? non, il fonde.
Pendant qu'il jette au vent de l'avenir ses cris,
Mêlés à la clameur des vieux trônes proscrits,
Le peuple voit passer une roue inouïe
De tonnerre et d'éclairs dont l'ombre est éblouie;
Il parle; il est l'élu, l'archange, l'envoyé!
Et l'interrompra-t-on? qui l'ose est foudroyé!
Qui pourrait lui barrer la route? qui? personne.
Tout ploie en l'écoutant, tout s'émeut, tout frissonne,
Tant ces discours tombés d'en haut sont accablants,
Tant l'âme est forte, et tant, pour les hommes tremblants,
Ces roulements du char de l'esprit sont terribles !

Auprès des flamboyants se dressent les horribles;
Justiciers, punisseurs, vengeurs, démons du bien.
— Grâce! encore un moment! Grâce! — Ils répondent: R

L'ÉCHAFAUD.

Entendez-vous Marat qui hurle dans sa cave?
Sa morsure aux tyrans s'en va baiser l'esclave.
Il souffle la fureur, les griefs acharnés,
La vengeance, la mort, la vie aux déchaînés;
A plat ventre, grinçant des dents, livide, oblique,
Il travaille à l'immense évasion publique;
Il perce l'épais mur du bagne, et, dans son trou,
Du grand cachot de l'ombre il tire le verrou;
Il saisit l'ancien monde, il met à nu sa plaie;
Il le traîne de rue en rue, il est la claie;
Il est en même temps la huée; il écrit,
Le vent d'orage emporte et sème son esprit,
Une feuille, de fange et d'aurore inondée,
Espèce de guenille horrible de l'idée.
Il dénonce, il délivre; il console, il maudit;
De la liberté sainte il est l'âpre bandit;
Il agite l'antique et monstrueuse chaîne,
Hideux, faisant sonner le fer contre sa haine;
On voit autour de lui des ossements humains.
Charlotte, ayant le cœur des ancêtres romains,
Seule osera tenter cet antre inabordable.
Il est le misérable, il est le formidable;
Il est l'auguste infâme; il est le nain géant;
Il égorge, massacre, extermine, en créant;
Un pauvre en deuil l'émeut, un roi saignant le charme;
Sa fureur aime; il verse une effroyable larme;
Comme il pleure avec rage au secours des souffrants!
Il crie au mourant : Tue! Il crie au volé : Prends!
Il crie à l'opprimé : Foule aux pieds! broie! accable!
Doux pour une détresse et pour l'autre implacable,
Il fait à cette foule, à cette nation,
A ce peuple, un salut d'extermination.

Dur, mais grand; front livide entre les fronts célèbres !
Ténébreux, il attaque et détruit les ténèbres.
Cette chauve-souris fait la guerre au corbeau.
Prêtre imposteur du vrai, difforme amant du beau,
Il combat l'ombre avec toutes les armes noires.
Pierres, boue et crachats, affronts, cris dérisoires,
Hymnes à l'échafaud, poignard, rire infernal ;
Il puise à pleines mains dans l'affreux arsenal ;
Cet homme peut toucher à tout, hors à la foudre.

La meule doit broyer si le moulin veut moudre.
Sur les versants divers des décombres penchants,
Ceux qui paraissent bons, ceux qui semblent méchants,
Ébauchent en commun la même délivrance ;
Ils font le droit, ils font le peuple, ils font la France.
Qu'appelez-vous Bourbon, majesté, roi, dauphin ?
Toute chose dont sort l'indigence, la faim,
L'ignorance, le mal, la guerre, l'homme brute,
C'est fini, cela doit s'en aller dans la chute.
C'est une tête. Eh bien, le panier la reçoit.
Ils marchent, détruisant l'obstacle, quel qu'il soit,
Et c'est leur dogme à tous : — Tuer quiconque tue.

Ruine où l'ordre éclôt, vit et se constitue !

C'est par excès d'amour qu'ils abhorrent ; bonté
Devient haine ; ils n'ont plus de cœur que d'un côté
A force de songer au sort des misérables,
Et par miséricorde ils sont inexorables.

Pour eux, ce blond dauphin, c'est déjà tout un roi;
Qu'importe sa pâleur, sa fièvre, son effroi ?
Ils écoutent le triste avenir qui sanglote.
L'enfant a dans leurs mains la lourdeur d'un despote;
Ils l'écrasent — meurs donc ! — sous le trône natal.

Ainsi tous les débris du vieux monde fatal,
Évêques mis aux fers, rois traînés à la barre,
Disparaissent, broyés sous leur pitié barbare.
Tigres compatissants ! formidables agneaux !
Le sang que Danton verse éclabousse Vergniaux;
Sous la Montagne ainsi qu'aux pieds de la Gironde
Le même avenir chante et la même horreur gronde.

*

Oui, le droit se dressa sur les codes bâtards,
Oui, l'on sentit, ainsi qu'à tous les avatars,
Le tressaillement sourd du flanc des destinées
Quand, montant lentement son escalier d'années,
Le dix-huitième siècle atteignit quatrevingt.
Encor treize, le nombre étrange, et le jour vint !

Alors, comme il arrive à chaque phénomène,
A chaque changement d'âge de l'âme humaine,
Comme lorsque Jésus mourut au Golgotha,
L'éternel sablier des siècles s'arrêta,
Laissant l'heure incomplète et discontinuée ;
L'œil profond des penseurs plongea dans la nuée,
Et l'on vit une main qui retournait le temps.

On comprit qu'on touchait aux solennels instants,
Que tout recommençait, qu'on entrait dans la phase,
Que le sommet allait descendre sous la base,
Que le nadir allait devenir le zénith,
Que le peuple montait sur le roi qui finit.

Un blême crépuscule apparaît sur Sodome,
Promesse menaçante; et le peuple, pauvre homme,
Mendiant dont le vent tordait le vil manteau,
Forçat dans sa galère ou juif dans son ghetto,
Se leva, suspendit sa plainte monotone,
Et rit, et s'écria : Voici la grande automne !
La saison vient. C'est mûr. Un signe est dans les cieux.

La Révolution, pressoir prodigieux,
Commença le travail de la vaste récolte,
Et, des cœurs comprimés exprimant la révolte,
Broyant les rois caducs debout depuis Clovis,
Fit son œuvre suprême et triste. Et, sous sa vis,
Toute l'Europe fut comme une vigne sombre.
Alors, dans le champ vague et livide de l'ombre,
Se répandit, fumant, on ne sait quel flot noir,
O terreur ! et l'on vit, sous l'effrayant pressoir,
Naître de la lumière à travers d'affreux voiles,
Et jaillir et couler du sang et des étoiles ;
On vit le vieux sapin des trônes ruisseler,
Tandis qu'on entendait tout le passé râler,
Et, le front radieux, la main rouge et fangeuse,
Chanter la Liberté, la grande vendangeuse.

Jours du peuple cyclope et de l'esprit titan !
Vie et trépas tournant le même cabestan !
Temps splendide et fatal, qui mêle en sa fournaise
Au cri d'un Josaphat l'hymne d'une Genèse !

Quiconque l'osera regarder fixement,
Convention, cratère, Etna, gouffre fumant,
Quiconque plongera la fourche dans la braise,
Quiconque sondera ce puits : Quatrevingt-treize,
Sentira se cabrer et s'enfuir son esprit.
Quand Moïse vit Dieu, le vertige le prit;
Et moi, devant l'histoire aux horizons sans nombre,
Je tremble, et j'ai le même éblouissement sombre.

Car c'est voir Dieu que voir les grandes lois du sort.

Non, le glaive, la mort répondant à la mort,
Non, ce n'est pas la fin ; jette plus bas la sonde,
Mon esprit. Ce serait l'étonnement du monde
Et la déception des hommes qu'un progrès
N'apparût qu'en laissant aux justes des regrets,
Que l'ombre attristât l'aube à se lever si lente,
Et que, pour le toucher avec sa main sanglante
Le temps de lui céder la place et le chemin,
Toujours l'affreux hier ensanglantât demain !

Non, ce n'est pas la fin. Non, il n'est pas possible,
Dieu, que toute ta loi soit de changer de cible,
Et de faire passer le meurtre et le forfait
Des mains des rois aux mains du peuple stupéfait.

Le peuple ne veut pas de ce morne héritage.

Que serait donc l'effort de l'homme si le sage
N'avait à constater qu'un résultat si vain,
Le choc du droit humain contre le droit divin !

Et s'il n'apercevait que cette lueur trouble
Quand il écoute au fond de l'ombre la voix double :
Le passé, l'avenir, la matière, l'esprit,
La voix du peuple Enfer, la voix du peuple Christ !

II

C'est vrai, l'histoire est sombre. O rois ! hommes tragiques !
Démences du pouvoir sans limites ! logiques
De l'épée et du sceptre, exterminant, broyant,
Allant à travers tout à leur but effrayant !
Oh ! la toute-puissance a Caïn pour ancêtre.

Rien qu'à voir par éclairs les siècles apparaître,
Quels règnes inouïs ! que d'étranges lueurs !
Voici les idiots à côté des tueurs.
Zam, s'éveillant trop tard, met l'aurore à l'amende ;
Claude égorge sa femme et puis la redemande ;
Bajazet veut lier les vents à des poteaux ;
Xercès fouette la mer, Phur crache sur l'Athos.
Pillage, trahison, vol, parjure, homicide ;
Ici le parricide et là l'infanticide ;

Pères dénaturés, fils en rébellion.
Octave usurpe, opprime, égorge, et dans Lyon
Soixante nations lui bâtissent un temple;
La Flandre est un bûcher que Philippe contemple
Léon dix en riant étrangle un cardinal;
Maxence après Galère apparaît infernal;
Voilà Sanche, abruti d'ivresses funéraires;
Celui-ci, Mahomet, tua ses dix-neuf frères;
Après avoir frappé son frère, Manfredi
S'assied dessus jusqu'à ce qu'il soit refroidi;
Les Translamares font revivre les Orestes;
Achab fait ramasser sous sa table ses restes
Par des hommes sans mains, sans pieds, sans dents, sans yeux;
Caïus triomphe avec du sang jusqu'aux essieux;
Richard d'York étouffe Édouard cinq; Stramire
Le Mauvais est mauvais, mais Jean le Bon est pire;
Sélim, tout effaré de débauche et d'encens,
Court dans Stamboul, perçant de flèches les passants;
Zeb plante une forêt de gibets à Nicée;
Christiern fait tous les jours arroser d'eau glacée
Des captifs enchaînés nus dans les souterrains;
Galéas Visconti, les bras liés aux reins,
Râle, étreint par les nœuds de la corde que Sforce
Passe dans les œillets de sa veste de force;
Cosme, à l'heure où midi change en brasier le ciel,
Fait lécher par un bouc son père enduit de miel;
Soliman met Tauris en feu pour se distraire;
Alonze, furieux qu'on allaite son frère,
Coupe le bout des seins d'Urraque avec ses dents;
Vlad regarde mourir ses neveux prétendants
Et rit de voir le pal leur sortir par la bouche;
Borgia communie; Abbas, maçon farouche,

Fait avec de la brique et des hommes vivants
D'épouvantables tours qui hurlent dans les vents;
Là, le sceptre vandale, ici la loi burgonde;
Cléopâtre renaît pire dans Frédégonde;
Ivan est sur Moscou, Carlos est sur Madrid :
Sous cet autre, Louis dit le Grand, on ouvrit
Les mères pour tuer leurs enfants dans leurs ventres.

Mais où sont donc les loups? Oh! les antres! les antres!
La jungle où les boas glissent, fangeux et froids!
Est-ce du sang qui coule aux veines de ces rois?
Ont-ils des cœurs aussi? Sont-ils ce que nous sommes?
Cieux profonds! oh! plutôt que l'aspect de ces hommes,
La rencontre du tigre, et, plutôt que leurs voix,
Le sourd rugissement du lion dans les bois!

Eh bien, vengeance donc! mort! malheur! représailles!
La torche aux Rhamséïons, aux Kremlins, aux Versailles!
Qu'Ossa soit à son tour broyé par Pélion!
Au bourreau les bourreaux! Justice! talion!

*

Non! — Jamais d'échafauds! C'est par d'autres répliques
Que doivent s'affirmer les saintes républiques.

Ce siècle, le plus grand des siècles, l'a compris.
Le jour où Février se leva sur Paris,
Il fit deux parts de l'œuvre immense de nos pères.
Et, grave, agenouillé devant les grands mystères,
Ne gardant que le droit, rendit à Dieu la mort.
Notre doigt n'est pas fait pour presser le ressort
De ce fer monstrueux qui tombe et se relève;
La liberté n'est pas un outil de la Grève;
Elle s'emmanche mal au couperet hideux;
Carrier, Le Bas, Hébert, sont des Philippes deux;
Fouquier-Tinville touche au duc d'Albe; Barrère
Vaut de Maistre, et Chaumette a Bâville pour frère;
Marat, Couthon, Saint-Just, d'où la vengeance sort,
Servent la vie avec les choses de la mort;
Ce qu'ils font est fatal; c'est toujours la vieille œuvre,
Et l'on y sent le froid de l'antique couleuvre.

L'ÉCHAFAUD.

Non, le vrai ne doit point avoir de repentirs.
Au nom de tous les morts et de tous les martyrs,
Non, jamais de vengeance! et la vie est sacrée.
L'aigle des temps nouveaux, planant dans l'empyrée,
Laisse le sang rouiller le bec du vieux vautour.
Le peuple doit grandir, étant maître à son tour,
Et c'est par la douceur que la grandeur se prouve.
Concorde ! Nos enfants ne tettent plus la louve;
Notre avenir n'est plus dans un antre, allaité
Par l'affreux ventre noir de la fatalité.

Ce patient traîné dans un tombeau qui roule,
Ces prunelles de tigre éclatant dans la foule,
Ce prêtre, ce bourreau, tout ce groupe fatal,
Ce tréteau, pilori s'il n'est pas piédestal,
Ce panier, cette fosse infâme qui se creuse,
Cette hache, c'était de l'ombre malheureuse;
Cela cachait le ciel, le vrai, l'astre éclipsé;
C'était du crépuscule et c'était du passé;
Le peuple sent en lui sa nouvelle âme éclore,
Et ne veut rien du soir et veut tout de l'aurore.

Avançons. Le progrès, c'est un besoin d'azur.

Certes, Danton fut grand; Robespierre était pur.
Jadis, broyant, malgré les cris et les menaces,
Les mâchoires de l'hydre entre ses poings tenaces,
Gladiateur géant du cirque des fléaux,
Ayant à déblayer tout l'antique chaos,

Ce grand Quatrevingt-treize a fait ce qu'il dut faire,
Mais nous qui respirons l'idéale atmosphère,
Nous sommes d'autres cœurs ; les temps fatals sont clos ;
Notre siècle, au-dessus du vieux niveau des flots,
Au-dessus de la haine, au-dessus de la crainte,
Fait sa tâche ; il construit la grande Babel sainte ;
Dieu laisse cette fois l'homme bâtir sa tour.

La république doit s'affirmer par l'amour,
Par l'entrelacement des mains et des pensées,
Par tous les lys s'ouvrant à toutes les rosées,
Par le beau, par le bon, par le vrai, par le grand,
Par le progrès debout, vivant, marchant, flagrant,
Par la matière à l'homme enfin libre asservie,
Par le sourire auguste et calme de la vie,
Par la fraternité sur tous les seuils riant,
Et par une blancheur immense à l'orient.

Après le dix août superbe, où dans la brume
Sous le dernier éclair le dernier trône fume,
Après Louis, martyr de son hérédité,
Roi que brisa la France en mal de liberté,
Après cette naissance, après cette agonie,
Toute l'œuvre tragique et farouche est finie.
L'ère d'apaisement suit l'ère de terreur.

Le droit n'a pas besoin de se mettre en fureur,
Et d'arriver les mains pleines de violences,
Et de jeter un glaive au plateau des balances.

L'ÉCHAFAUD.

Il paraît, on tressaille; il marche, on dit : C'est Dieu.

Mort à la mort ! Au feu la loi sanglante ! au feu
Le vieux koran de fer, l'affreux code implacable
Qui tord l'irrémissible avec l'irrévocable,
Qui frappe, qui se venge, et qui se trompe ! A bas,
Croix qui saisis Jésus et lâches Barrabas !
A bas, potence, avec toutes tes branches noires !
Fourche que Vouglans mêle à ses réquisitoires,
Solive épouvantable où Tristan s'accouda,
Machine de Tyburn et de la Cebeda,
Démolis-toi toi-même, et croule, mutilée,
Avec le saint-office et la chambre étoilée,
Et tourne contre toi la mort que tu contiens !
Charpente que l'enfer fait lécher à ses chiens,
Va pourrir dans la terre éternelle et divine
Qui ne te connaît point, toi l'arbre sans racine,
Qui t'exclut de la sève et qui ne donne pas
La vie au bois féroce où germe le trépas !
Fuis, dissous-toi, perds-toi dans la grande nature !

Engins qu'ont maniés le meurtre et la torture,
O monstrueux outils de la tombe, assassins !
Rappelez-vous les bons, les innocents, les saints,
Et demandez-vous-en compte les uns aux autres !

Tous les crimes du faible ont pour source les vôtres.
Poutre, ébrèche la hache et brise le couteau !
Hache, deviens cognée et frappe le poteau !

Frappe! Exterminez-vous, ô ténébreux complices ;
Et tombe pêle-mêle, ô forêt des supplices,
Roue, échelle, garrot, gibet, et glaive, et faulx,
Sous le bras du progrès, bûcheron d'échafauds !

II

TALAVEYRA

RÉCIT DE MON PÈRE

C'est à Talaveyra de la Reine, en Espagne.

Les anglais, contre qui nous étions en campagne,
Tenaient, en s'appuyant sur un vieux château-fort,
Le coteau du midi, nous le coteau du nord.
Deux versants ; un ravin entre les deux armées.
On se battait depuis le matin ; les fumées
Monstrueuses que fait un combat furieux
Salissaient le soleil, terrible au fond des cieux ;
Et lui, l'astre éternel d'où sort l'aube éphémère,
Vieux, et jeune toujours comme le vieil Homère,

Lui, ce même soleil qu'Achille vit jadis,
Se vengeait ; sur nous tous combattants, assourdis
Par le vaste fracas des canons en démence,
Il versait les flots noirs de sa lumière immense,
Il nous aveuglait ; sombre, il jetait au milieu
Des tonnerres humains le grand rayon de Dieu.
Il brillait, il régnait ; il nous brûlait, sinistre.

Le roi don Charles quatre et Godoy, son ministre,
Nous avaient mis l'armée anglaise sur les bras.
Mais les anglais, qui sont peu faits pour les sierras,
Avaient chaud comme nous. La journée était dure.
Pas un brin d'herbe ; au fond du ravin, la verdure
De quelques pins d'Alep, espèce de rideau
Laissant voir sous son antre un maigre filet d'eau.
De même que les cils séparent deux paupières,
Ces arbres couvrant l'eau qui courait dans les pierres
Séparaient les deux plans inclinés du vallon.
Or, comme le semeur attaque l'aquilon,
Nous nous heurtions, français contre anglais. Les mitrailles
Pleuvaient, et l'on voyait des crânes, des entrailles,
Des ventres entr'ouverts ainsi qu'un fruit vermeil,
Et, sur l'immense mort sanglante, le soleil.
Le sabre, le canon, l'espingole, la pique,
C'est tout simple, on s'y fait ; mais avoir le tropique
Sur sa tête, c'est trop. Nous avions soif. Le fer
Et le plomb, c'est la mort ; mais la soif, c'est l'enfer.
Le soleil, la sueur, la soif, oh ! quelle rage !
Nous n'en faisions pas moins notre implacable ouvrage,
Et l'on se massacrait éperdument. Partout
Des cadavres, mêlés aux combattants debout,

Gisaient, indifférents déjà comme des marbres.

Tout à coup j'aperçus le ruisseau sous les arbres.
Un espagnol le vit et cria : caramba!
Je descendis vers l'eau, qu'un anglais enjamba ;
Un français accourut, puis deux, puis trois, puis quatre ;
On se mit à genoux, on cessa de se battre,
Quitte à recommencer ; les blessés à pas lents,
Se traînaient ; on trinqua dans les casques sanglants.
— A votre santé, dis-je. Ils dirent : A la vôtre ! —
Et c'est ainsi qu'on vint boire un peu l'un chez l'autre.

La bataille reprit, sans trêve cette fois,
Affreuse, et nous songions, nous, en pensant aux rois,
Aux empereurs, à tous ces sombres téméraires,
Qu'ils font des ennemis, mais que Dieu fait des frères.

III

LES DEUX COTÉS DE L'HORIZON

Comme lorsqu'une armée inonde des campagnes,
Une immense rumeur se disperse dans l'air.
Il se fait un grand bruit du côté des montagnes ;
Il se fait un grand bruit du côté de la mer.

Le poète a crié : — Qu'est ce bruit ? Dans les ombres
Il remplit la montagne, il remplit l'océan.
N'est-ce pas l'avalanche, aigle des Alpes sombres ?
O goéland des flots, n'est-ce pas l'ouragan ?

Le goéland, du fond des mers où la nef penche,
Est venu. Le grand aigle est venu du mont Blanc.

Et l'aigle a répondu : — Ce n'est pas l'avalanche.
— Ce n'est pas la tempête, a dit le goéland.

O farouches oiseaux ! quoi ! ce n'est pas la trombe,
Ce n'est pas l'aquilon que votre aile connaît ?
— Non, du côté des monts, c'est un monde qui tombe.
— Non, du côté des mers, c'est un monde qui naît.

Et le poète a dit : — Que Dieu vous accompagne !
Retournez l'un et l'autre à vos nids hasardeux.
Toi, va-t'en à ta mer. Toi, rentre à ta montagne.
Et maintenant, Seigneur, expliquons-nous tous deux.

L'Amérique surgit, et Rome meurt ! la Rome !
Crains-tu pas d'effacer, Seigneur, notre chemin,
Et de dénaturer le fond même de l'homme,
En déplaçant ainsi tout le génie humain ?

Donc la matière prend le monde à la pensée !
L'Italie était l'art, la foi, le cœur, le feu.
L'Amérique est sans âme ; ouvrière glacée,
Elle a l'homme pour but, l'Italie avait Dieu.

Un astre ardent se couche, un astre froid se lève.
Seigneur, Philadelphie, un comptoir de marchands,
Va remplacer la ville où Michel-Ange rêve,
Où Jésus met sa croix, où Flaccus mit ses chants !

C'est ton secret, Seigneur ! Mais, ô raison profonde !
Pourras-tu, sans livrer l'âme humaine au sommeil
Et sans diminuer la lumière du monde,
Lui donner cette lune au lieu de ce soleil?

avril 1840.

IV

BOURGEOIS PARLANT DE JÉSUS-CHRIST

— Sa morale a du bon. — Il est mort à trente ans.
— Il changeait en vin l'eau. — Ça s'est dit dans son temps.
— Il était de Judée. — Il avait douze apôtres.
— Gens grossiers. — Gens de rien. — Jaloux les uns des autres.
— Il leur lavait les pieds. — C'est curieux, le puits
De la samaritaine, et puis le diable, et puis
L'histoire de l'aveugle et du paralytique.
— J'en doute. — Il n'aimait pas les gens tenant boutique.
— A-t-il vraiment tiré Lazare du tombeau ?
— C'était un sage. — Un fou. — Son système est fort beau.
— Vrai dans la théorie et faux dans la pratique.
— Son procès est réel. Judas est authentique.
L'honnête homme au gibet et le voleur absous !
— On voit bien clairement les prêtres là-dessous.

Tout change ; maintenant il a pour lui les prêtres.
— Un menuisier pour père et des rois pour ancêtres,
C'est singulier ! — Non pas ! Une branche descend,
Puis remonte, mais c'est toujours le même sang ;
Cela n'est pas très rare en généalogie.
— Il savait qu'on voulait l'accuser de magie
Et que de son supplice on faisait les apprêts.
— Sa Madeleine était une fille. — A peu près.
— Ça ne l'empêche pas d'être sainte. — Au contraire.
— Était-il Dieu ? — Non. — Oui. — Peut-être. — On n'y croit gu
— Tout ce qu'on dit de lui prouve un homme très doux.
— Il était beau. — Fort beau, l'air juif, pâle. — Un peu roux.
— Le certain, c'est qu'il a fait du bien sur la terre.
— Un grand bien. Il était bon, fraternel, austère ;
Il a montré que tout, excepté l'âme, est vain ;
Sans doute il n'est pas Dieu, mais certe il est divin.
Il fit l'homme nouveau meilleur que l'homme antique.
— Quel malheur qu'il se soit mêlé de politique !

V

J'ai vu, pendant trois jours de haine et de remords,
L'eau refléter des feux et charrier des morts
      Dans une grande et noble ville.
Le tisserand, par l'ombre et la faim énervé,
De son dernier métier brûlé sur le pavé
      Attisait la guerre civile.

Le soldat fratricide égorgeait l'ouvrier ;
L'ouvrier sacrilège, aveugle meurtrier,
      Massacrait le soldat son père ;
Peuple, armée, oubliaient qu'ils sont du même sang ;
Et les sages pensifs disaient en frémissant :
      O siècle ! ô patrie ! ô misère !

Durant trois nuits la ville, hélas ! ne dormit plus.
Tous luttaient. Le tocsin fut le seul angélus
      Qu'eurent ces sinistres aurores.

Les noirs canons, roulant à travers la cité,
Ébranlaient, au-dessus du fleuve ensanglanté,
    L'arche sombre des ponts sonores.

Ah ! la nature et Dieu, devant l'humanité,
Même étalant leur grâce avec leur majesté,
    N'empêchent pas ces tristes choses !
Car ces événements se passaient, ô destin,
Sur les bords où Lyon à l'horizon lointain
    Voit resplendir les Alpes roses.

    4 septembre 1811.

VI

ÉCRIT SUR UN LIVRE

DU JEUNE MICHEL NEY

Enfants! fils des héros disparus! fils des hommes
Qui firent mon pays plus grand que les deux Romes,
Et qui s'en sont allés, dans l'abîme engloutis !
Vous que nous voyons rire et jouer tout petits,
Sur vos fronts innocents la sombre histoire pèse ;
Vous êtes tout couverts de la gloire française.

Oh! quand l'âge où l'on pense, où l'on ouvre les yeux,
Viendra pour vous, enfants, regardez vos aïeux
Avec un tremblement de joie et d'épouvante.
Ayez toujours leur âme en vos âmes vivante,

Soyez nobles, loyaux et vaillants entre tous ;
Car vos noms sont si grands qu'ils ne sont pas à vous !
Tout passant peut venir vous en demander compte.
Ils sont notre trésor dans nos moments de honte,
Dans nos abaissements et dans nos abandons ;
C'est vous qui les portez, c'est nous qui les gardons !

14 avril 1847.

VII

ÉCRIT SUR LE MUR DE VERSAILLES

A CÔTÉ DU CORDON DE SONNETTE DE LOUIS XIV

L'abject est illustre
Dans ce temps caduc.
Le duc sonne un rustre,
Le roi sonne un duc.

Siècle étrange ! il taille,
Sans mêler les rangs,
De la valetaille
A même les grands.

Il tient fous et sages
Au bout de son fil.

Il a deux visages,
Mais un seul profil.

Il a sur l'épaule
Dans le même sac
Le duc et le drôle,
Frontin et Fronsac.

Versailles, 10 août 1830.

VIII

LE MARABOUT PROPHÈTE

Fuyez au mont inabordable !
Fuyez dans le creux du vallon !
Une nation formidable
Vient du côté de l'aquilon.

Ils auront de bons capitaines,
Ils auront de bons matelots ;
Ils viendront à travers les plaines,
Ils viendront à travers les flots.

Ils auront des artilleries,
Des chariots, des pavillons ;

Leurs immenses cavaleries
Seront comme des tourbillons.

Comme crie une aigle échappée,
Ils crieront : Nous venons enfin !
Meurent les hommes par l'épée !
Meurent les femmes par la faim !

On les distinguera dans l'ombre
Jetant la lueur et l'éclair.
Ils feront en marche un bruit sombre
Comme les vagues de la mer.

Ils sembleront avoir des ailes,
Ils voleront dans le ciel noir
Plus nombreux que les étincelles
D'un chaume qui brûle le soir.

Ils viendront, le cœur plein de haines,
Avec des glaives dans les mains... —
Oh ! ne sortez pas dans les plaines !
Oh ! n'allez pas dans les chemins !

Car dans nos campagnes antiques
On n'entend plus que les clairons,
Et l'on n'y voit plus que les piques,
Que les piques des escadrons !

Oh ! que de chars ! que de fumée !
Ils viendront, hurlant et riant,
Ils seront une grande armée,
Ils seront un peuple effrayant.

Mais que Dieu, sous qui le ciel tremble,
Montre sa face dans le bruit,
Ils disparaîtront tous ensemble
Comme une vision de nuit !

5 août 1816.

IX

Le calife a puni les gens de la montagne.

Ses soldats sont venus. Allah les accompagne,
Car ils n'ont rien laissé de vivant derrière eux.
Maintenant, oh ! quel deuil dans ce champ désastreux !
Les os de tout un peuple y gisent dans les pierres.
Le vautour décharné, l'aigle aux rouges paupières
Sont là, seuls triomphants, joyeux, le bec ouvert.
Tout est mort. Le chemin qui va dans le désert
Semble dallé, depuis Agra jusqu'à Nicée,
De tous ces crânes blancs qui couvrent la chaussée ;
Et, quand des chameliers passent dans cet endroit,
Le plus vieux, l'œil fixé sur un poteau qu'on voit,
Lit cette inscription au groupe qui l'écoute :
« Les paveurs du calife ont pavé cette route. »

X

Les mères ont senti tressaillir leurs entrailles.
Les lourds caissons chargés de boîtes à mitrailles
Courent, et l'on dirait qu'ils bondissent joyeux.
Le peuple de Paris, pensif, les suit des yeux
Et s'en va par les quais vers les Champs-Élysées.
On ferme les maisons, on se penche aux croisées ;
La cohue en haillons, morne comme la nuit,
Marche, grossit, s'avance, et l'on entend le bruit
Que font les bataillons et les cavaleries.

Elle passe, sinistre, auprès des Tuileries.

Oh ! de ceux qui s'en vont, rêvant par ce chemin,
Combien ne verront pas le soleil de demain !
Dans cette multitude aux pantomimes sombres
Combien parlent encor qui sont déjà des ombres !
Guerre civile ! émeute ! ô deuil ! combien ce soir
Auront pour dernier lit le pavé froid et noir !

22 février 1848.

XI

LE PASSAGE DES ÊTRES SOMBRES

Les démons, dont le chant ressemble à des huées,
Volent dans le tumulte horrible des nuées
Et jettent, en fuyant à travers l'infini,
Des cris d'amour au mal, surpris d'être béni.

— Chaleur, feu, clarté, vie, enfantez les désastres!
Nature aux triples seins, sous ton vêtement d'astres,
Sois bonne mère, et fais deux plis à ton manteau;
Mets un agneau dans l'un, dans l'autre un louveteau.
Sanglier, deviens porc dans l'herbe où tu te vautres.
Malheurs, engendrez-vous sans fin les uns les autres.
O bouches des fureurs et des rugissements,
O lionne, ô panthère, appelez vos amants!
Boas, vautours, requins, crocodiles, vipères,

Monstres, accomplissez au fond de vos repaires
L'auguste loi de croître et de multiplier.
Verdoie, et remplis-toi d'ombre, ô mancenillier.
Voici le mois de mai, mésanges, tourterelles,
Ramiers, accouplez-vous dans les nids chauds et frêles
Et, dans le bercement des arbres murmurants,
Faites avec amour des petits pour les grands.
O prêtres, cachez Dieu. Cachez le soleil, bibles.
Masques, soyez charmants sur des faces horribles.
Asile où le lynx guette, où rôde le jaguar,
Solitude, ouvre-toi devant l'errante Agar.
L'aile est au moucheron, l'araignée a ses toiles.
Dresse toujours plus haut sous le ciel plein d'étoiles,
Dans l'azur, dans le souffle orageux des typhons,
Au-dessus des étangs et des bourbiers profonds,
Tes branchages d'où sort le miasme insalubre,
Sombre monde ignoré, forêt, vierge lugubre !
Grandissez, passereaux, car l'épervier grandit.
Joie ! ô bandit, sois prince ! ô prince, sois bandit !
Règne, imposture, et prends le fils après le père.
Réussissez, rois, dieux, peste ! Échafaud, prospère !
O guerre, ô fratricide, ayez tous les bonheurs
Que peuvent vous donner les tueurs, les seigneurs,
Les bourreaux, les mangeurs d'enfants, les chasseurs d'hom
Crois, Babel ! Sybaris, chantez ! Aimez, Sodomes !
O pourriture, sois heureuse ; écroulement,
Travaille ; pullulez, corbeaux ; et toi, gaîment,
Tourne, ô meule de grès, et rends la lame aiguë !
Jusquiame, aconit, germez ; fleuris, ciguë !
Chante sous les gibets, mandragore ; venins
Des joncs vils, des buissons rampants, des arbres nains,
Gonflez-vous ! Car c'est nous les inconnus terribles,

Qui, filtrant l'âpre sève à travers d'affreux cribles,
Confiant au printemps l'assassinat, faisons
Votre épaississement formidable, ô poisons !
Nous sommes l'essaim noir qui passe et qui souhaite
Le cadavre au chacal, la nuit à la chouette,
Un sac d'or à Judas, à Jésus un baiser.
Nous voulons voir l'eau vive en marais s'apaiser;
Nous aimons ce qui hait; notre bonté procure
Une hache à Caïn qu'enivre une âme obscure.
Enfer, sois vrai; César, sois fort; tigre, sois beau !
Que la faim soit toujours assouvie, ô tombeau !
Rose, accepte l'argent hideux de la limace.
Que sous toute beauté l'ossement vil grimace.
Tout est faux; de quel crime es-tu née, ô vertu ?
Et toi, cendre, réponds, de quel fruit d'or viens-tu ?
Car la surface a beau, chair pure ou clarté sainte,
Être adorable, exquise et fraîche, et si bien peinte
Que les hommes sont pris d'amour en la voyant,
C'est à nous qu'appartient le dessous effrayant.
Abîme ! il faut que tout ce qui vit, se hérisse,
Aime, se meut, va, vient, rit ou pleure, périsse;
Car tout est le sépulcre; et l'invisible écueil
Vers lequel le berceau flotte, c'est le cercueil,
Et le nouveau-né blanc et rose est un squelette,
O mort, que la mamelle épouvantable allaite. —

Ainsi parle l'essaim des démons factieux.
Et tout ce qui commet des crimes sous les cieux,
Les faux prêtres, les rois sanglants, le vent d'orage,
La peste, l'échafaud, la mort, reprend courage.

XII

LE CHEIK ET LE VOLEUR

— Ainsi tu me volais mes bœufs!

                          — Gare ma peau!

— Tu n'as pas de turban?

                          — Pas même de chapeau.

— Prends celui-ci.

                    — La mode en cette capitale
Est-elle qu'on vous coiffe avant qu'on vous empale?

— Tes habits sont troués.

— Monseigneur le sultan,

C'est vrai.

— Mets ce caftan.

— Moi!

— Toi. Mets ce caftan.
Esclaves, approchez. Choisis les trois plus belles.

— Moi!

— Je choisis pour toi. Prends ces trois-là.

— Lesquelles?

Ces trois astres! J'ai peur.

— Les troupeaux sont à toi.

— A moi!

— Prends ce collier, présent d'un ancien roi.

— Qu'il est lourd! un collier d'or massif! Ça m'achève.
Ah çà! je n'y comprends rien du tout! c'est un rêve.
A moi ton turban vert, à moi ton caftan bleu!
Et tu me mets au cou ce collier d'or! Au lieu

De me couper la tête ou de me faire pendre,
Tu me donnes, à moi qui voulais te les prendre,
Tes troupeaux, et de plus trois femmes pour moi seul!

— N'as-tu donc pas été l'hôte de mon aïeul?

XIII

Quand le vieux monde dut périr, sombre damné,
Quand l'empire romain d'horreur fut couronné,
Chaque vice vint faire au monstre une caresse;
Luxure, Gourmandise, Avarice, Paresse,
Colère, Envie. Orgueil vinrent; sur les sept monts
Rome vit se dresser debout les sept démons.
Tout fut dit. Le destin fit, pour l'œuvre insondable,
Passer de main en main la pioche formidable;
Et l'on vit succéder, Christ étant au gibet,
Pour creuser le sépulcre où l'univers tombait,
La démence qui chante au mal qui délibère,
Le fossoyeur Néron au fossoyeur Tibère.

XIV

INSCRIPTION

Un sculpteur qui vivait voilà bien trois mille ans
Fit pour le noir Pluton, qu'en leurs cachots brûlants
Les ombres ont horreur de voir au milieu d'elles,
Ce temple, qu'aujourd'hui Dieu donne aux hirondelles.

17 juillet 1816.

XV

POUSSIÈRE DE ROI

Le mausolée est beau, vaste, admirable à voir.

Sa première muraille est toute en granit noir,
La deuxième en albâtre, et la troisième enceinte
Est en gypse incrusté d'onyx et d'hyacinthe.
Franchissez-les; voilà le mur de jade vert
Qu'Ériclète, ouvrier de Corinthe, a couvert
De bas-reliefs où Flore aime et pleure Zéphyre;
Passez; vous rencontrez l'enceinte de porphyre;
Puis la salle d'argent ouvre son corridor.
Entrez. Au centre luit l'immense trône d'or.
Sur le trône, approchez, sous un dais magnifique
Orné d'inscriptions d'écriture cufique,
Brille un cercueil formé d'un seul bloc de cristal,

Et dont on voit de loin, sur un haut piédestal,
Resplendir, comme une aube au fond des galeries,
Le couvercle étoilé d'un ciel de pierreries.

Regardez à travers ce grand cristal sacré,
Incorruptible, pur, vénérable, entouré
Des pleurs des nations scellés dans quatre vases,
Sous tous ces diamants, sous toutes ces topazes,
Regardez, vous voici près du fond, près du roi,
Dérangez ces rubis, et que trouvez-vous? Moi.

XVI

INVOCATION DU MAGE

CONTRE LES DEUX ROIS

Vents ! souffles du zénith obscur et tutélaire !
N'éveillerez-vous pas quelque immense colère
Là-haut, dans le ciel sombre, en faveur des humains?

Puisque deux nations vont en venir aux mains
Parce que les deux rois se sont pris de querelle;
Puisque la plaine verte où court la sauterelle,
Où rit l'aube, où se chauffe au soleil le lézard,
Va tout à l'heure voir passer l'affreux hasard
Secouant dans la nuit ses mains pleines de flèches;
Puisqu'aux torrents taris entre les pierres sèches
Vont succéder demain de longs ruisseaux de sang;
Puisque le grand lion qui pour boire descend
S'arrêtera pensif, surpris de ce flot rouge;
Puisque le paysan va trembler dans son bouge;

Puisque, si ces deux rois, le numide et le hun,
Ne sont pas soudain pris aux cheveux par quelqu'un,
On va voir éclater pour leurs folles chimères
La désolation lamentable des mères,
Et, les deux camps courir l'un sur l'autre acharnés,
Et lorsqu'ils se seront entre eux exterminés,
Les durs vainqueurs, pareils aux bêtes des repaires,
Tuer les hommes, fils, frères, maris et pères,
Et les femmes, tordant leurs bras, cachant leurs seins,
Fuir devant les baisers de tous ces assassins;
Puisque deux peuples vont tomber dans cet abîme,
Vents! ne ferez-vous rien pour empêcher ce crime?

O vous qui pénétrez dans les profondeurs, vous
Qui vous réunissez ou vous dispersez tous
Plus vite que l'éclair, là-haut, quand bon vous semble,
Vents! noirs avertisseurs, sur la terre qui tremble,
En ce moment funeste, en ce champ odieux,
N'amènerez-vous pas les formidables dieux?

28 juillet 1870.

XVII

VIRO MAJOR

Ayant vu le massacre immense, le combat,
Le peuple sur sa croix, Paris sur son grabat,
La pitié formidable était dans tes paroles ;
Tu faisais ce que font les grandes âmes folles ;
Et, lasse de lutter, de rêver, de souffrir,
Tu disais : J'ai tué ! car tu voulais mourir.

Tu mentais contre toi, terrible et surhumaine.

Judith, la sombre juive, Aria, la romaine,
Eussent battu des mains pendant que tu parlais.
Tu disais aux greniers : J'ai brûlé les palais !
Tu glorifiais ceux qu'on écrase et qu'on foule.

Tu criais : J'ai tué ! qu'on me tue ! — Et la foule
Écoutait cette femme altière s'accuser.
Tu semblais envoyer au sépulcre un baiser ;
Ton œil fixe pesait sur les juges livides,
Et tu songeais, pareille aux graves euménides.
La pâle Mort était debout derrière toi.

Toute la vaste salle était pleine d'effroi,
Car le peuple saignant hait la guerre civile.

Dehors on entendait la rumeur de la ville.
Cette femme écoutait la vie aux bruits confus,
D'en haut, dans l'attitude austère du refus.
Elle n'avait pas l'air de comprendre autre chose
Qu'un pilori dressé pour une apothéose ;
Et, trouvant l'affront noble et le supplice beau,
Sinistre, elle hâtait le pas vers le tombeau.
Les juges murmuraient : Qu'elle meure ! C'est juste.
Elle est infâme ! — A moins qu'elle ne soit auguste,
Disait leur conscience. Et les juges, pensifs,
Devant oui, devant non, comme entre deux récifs,
Hésitaient, regardant la sévère coupable.

Et ceux qui, comme moi, te savent incapable
De tout ce qui n'est pas héroïsme et vertu,
Qui savent que, si Dieu te disait : D'où viens-tu ?
Tu répondrais : Je viens de la nuit où l'on souffre ;
Dieu, je sors du devoir dont vous faites un gouffre !
Ceux qui savent tes vers mystérieux et doux,

Tes jours, tes nuits, tes soins, tes pleurs, donnés à tous,
Ton oubli de toi-même à secourir les autres,
Ta parole semblable aux flammes des apôtres ;
Ceux qui savent le toit sans feu, sans air, sans pain,
Le lit de sangle avec la table de sapin,
Ta bonté, la fierté de femme populaire,
L'âpre attendrissement qui dort sous ta colère,
Ton long regard de haine à tous les inhumains,
Et les pieds des enfants réchauffés dans tes mains,
Ceux-là, femme, devant ta majesté farouche,
Méditaient, et, malgré l'amer pli de ta bouche,
Malgré le maudisseur qui, s'acharnant sur toi,
Te jetait tous les cris indignés de la loi,
Malgré ta voix fatale et haute qui t'accuse,
Voyaient resplendir l'ange à travers la méduse.

Tu fus haute et semblas étrange en ces débats ;
Car, chétifs comme sont les vivants d'ici-bas,
Rien ne les trouble plus que deux âmes mêlées,
Que le divin chaos des choses étoilées
Aperçu tout au fond d'un grand cœur inclément,
Et qu'un rayonnement vu dans un flamboiement.

Décembre 1871.

XVIII

A GEORGES

O Georges, tu seras un homme. Tu sauras
A qui tu dois ton cœur, à qui tu dois ton bras,
Ce que ta voix doit dire au peuple, à l'homme, au monde;
Et je t'écouterai dans ma tombe profonde.

Songe que je suis là ; songe que je t'entends ;
Demande-toi si nous, les morts, sommes contents.
Tu le voudras, mon George. Oh ! je suis bien tranquille ;

Ce que pour le grand peuple a fait la grande ville,
Tout ce qu'après Cécrops, tout ce qu'après Rhéa,
Paris chercha, trouva, porta, fonda, créa,

Ces passages du Nil, du Rhin et de l'Adige,
La Révolution française, ce prodige,
La chute du passé d'où l'homme libre sort,
La clarté du génie et la noirceur du sort,
La France subjuguant et délivrant la terre,
Tout cela t'emplira l'âme de ce mystère
Dont l'homme est saisi, quand, à l'horizon lointain,
Il sent la mer immense ou l'énorme destin.

C'est ainsi que se font ceux qui parlent aux foules,
Ceux que les ouragans, les rocs, les flots, les houles
Attirent, et qui sont rêveurs dans ce milieu
Où le travail de l'homme aide au travail de Dieu.

Alors tu songeras à nos vaillants ancêtres
Ôtant le sceptre aux rois, ôtant les dieux aux prêtres;
Au groupe affreux, tyrans, pontifes, scélérats;
Ému, tu penseras; pensif, tu grandiras!

Est-ce un rêve? oh! je crois t'entendre. A l'âme humaine
Aux nations qu'un vent d'en haut remue et mène,
Aux peuples entraînés vers le but pas à pas,
Tu diras les efforts tentés, les beaux trépas,
Les combats, les travaux, les reprises sans nombre,
L'aube démesurée emplissant la grande ombre.
Pour maintenir les cœurs à ce puissant niveau,
Tu feras des anciens jaillir l'esprit nouveau;

A GEORGES.

Tu diras de nos temps les lutteurs héroïques,
Ces vainqueurs purs, ces fiers soldats, ces fronts stoïques;
Et tu feras songer, en les peignant si bien,
Le jeune homme à son père et le vieillard au mien.

Novembre 1879.

II

I

Me voici ! c'est moi ! Rochers, plages,
Frais ruisseaux sous l'herbe échappés,
Brises qui tout bas aux feuillages
Dites des mots entrecoupés ;

Nids qu'emplit un tendre murmure,
Branche où l'oiseau vient se poser ;
Gouttes d'eau de la grotte obscure
Qui faites le bruit d'un baiser ;

Champ où l'on entend la romance
Du rossignol sombre et secret ;
Monts où le lac profond commence
L'hymne qu'achève la forêt !

Ouvrez-vous, prés où tout soupire ;
Ouvre-toi, bois sonore et doux ;
Celui dont l'âme est une lyre
Vient chanter dans l'ombre avec vous.

17 juillet 1852.

II

Je ne vois pas pourquoi je ferais autre chose
Que de rêver sous l'arbre où le ramier se pose ;
Les chars passent, j'entends grincer les durs essieux,

Quand les filles s'en vont laver à la fontaine,
Elles prêtent l'oreille à ma chanson lointaine ;
Et moi je reste au fond des bois mystérieux,

Parce que le hallier m'offre des fleurs sans nombre,
Parce qu'il me suffit de voir voler dans l'ombre
Mon chant vers les esprits et l'oiseau vers les cieux.

5 mars.

III

LETTRE

La Champagne est fort laide où je suis ; mais qu'importe,
J'ai de l'air, un peu d'herbe, une vigne à ma porte ;
D'ailleurs, je ne suis pas ici pour bien longtemps.
N'ayant pas mes petits près de moi, je prétends
Avoir droit à la fuite, et j'y songe à toute heure.
Et tous les jours je veux partir, et je demeure.
L'homme est ainsi.

     Parfois tout s'efface à mes yeux
Sous la mauvaise humeur du nuage ennuyeux ;
Il pleut. Triste pays. Moins de blé que d'ivraie.
Bientôt j'irai chercher la solitude vraie,
Où sont les fiers écueils, sombres, jamais vaincus,
La mer. En attendant, comme Horace à Fuscus,

Je t'envoie, ami cher, les paroles civiles
Que doit l'hôte des champs à l'habitant des villes ;
Tu songes au milieu des tumultes hagards ;
Et je salue, avec toutes sortes d'égards,
Moi qui vois les fourmis, toi qui vois les pygmées.

Parce que vous avez la forge aux renommées,
Aux vacarmes, aux faits tapageurs et soudains,
Ne croyez pas qu'à Bray-sur-Marne, ô citadins,
On soit des paysans au point d'être des brutes ;
Non, on danse, on se cherche au bois, on fait des chutes ;
On s'aime ; on est toujours Estelle et Némorin ;
Simone et Gros Thomas sautent au tambourin ;
Et les grands vieux parents grondent quand, le dimanche,
Les filles vont tirer les garçons par la manche.
Le presbytère est là qui garde le troupeau.
Parfois j'entre à l'église et j'ôte mon chapeau
Quand monsieur le curé foudroie en pleine chaire
L'idylle d'un bouvier avec une vachère.

Mais je suis indulgent plus que lui ; le ciel bleu,
Diable ! et le doux printemps, tout cela trouble un peu ;
Et les petits oiseaux, quel détestable exemple !
Le jeune mois de mai, c'est toujours le vieux temple
Où, doucement raillés par les merles siffleurs,
Les gens qui s'aiment vont s'adorer dans les fleurs ;
Jadis c'était Phyllis, aujourd'hui c'est Javotte,
Mais c'est toujours la femme au mois de mai dévote.

Moi, je suis spectateur, et je pardonne ; ayant
L'âme très débonnaire et l'air très effrayant.
Car j'inquiète fort le village. On me nomme
Le sorcier ; on m'évite ; ils disent : C'est un homme
Qu'on entend parler haut dans sa chambre, le soir ;
Or on ne parle seul qu'avec quelqu'un de noir. —
C'est pourquoi je fais peur.

       La maison que j'habite,
Grotte dont j'ai fait choix pour être cénobite,
C'est l'auberge ; on y boit dans la salle d'en bas ;
Les filles du pays viennent, ôtent leurs bas,
Et salissent leurs pieds dans la mare voisine.
La soupe aux choux, c'est là toute notre cuisine ;
Un lit et quatre murs, c'est là tout mon logis.

Je vis ; les champs le soir sont largement rougis ;
L'espace est, le matin, confusément sonore ;
L'angélus se répand dans le ciel dès l'aurore,
Et j'ai le bercement des cloches en dormant.
Poésie : un roulier avec un jurement ;
Des poules becquetant un vieux mur en décembre ;
De lointains aboiements dialoguant dans l'ombre ;
Parfois un vol d'oiseaux sauvages émigrant.
C'est petit, car c'est laid ; et le beau seul est grand.
Cette campagne, où l'aube à regret semble naître,
M'offre à perte de vue au loin sous ma fenêtre
Rien, la route, un sol âpre, usé, morne, inclément.
Quelques arbres sont là ; j'écoute vaguement
Les conversations du vent avec les branches.
La plaine brune alterne avec les plaines blanches ;

Pas un coteau, des prés maigres, peu de gazon ;
Et j'ai pour tout plaisir de voir à l'horizon
Un groupe de toits bas d'où sort une fumée,
Le paysage étant plat comme Mérimée.

IV

Quand la lune apparaît dans la brume des plaines,
Quand l'ombre émue a l'air de retrouver la voix,
Lorsque le soir emplit de frissons et d'haleines
    Les pâles ténèbres des bois,

Quand le bœuf rentre avec sa clochette sonore,
Pareil au vieux poète, accablé, triste et beau,
Dont la pensée au fond de l'ombre tinte encore
    Devant la porte du tombeau ;

Si tu veux, nous irons errer dans les vallées,
Nous marcherons dans l'herbe à pas silencieux,
Et nous regarderons les voûtes étoilées.
    C'est dans les champs qu'on voit les cieux.

Nous nous promènerons dans les campagnes vertes ;
Nous pencherons, pleurant ce qui s'évanouit,
Nos âmes ici-bas par le malheur ouvertes
    Sur les fleurs qui s'ouvrent la nuit !

Nous parlerons tout bas des choses infinies.
Tout est grand, tout est doux, quoique tout soit obscur.
Nous ouvrirons nos cœurs aux sombres harmonies
    Qui tombent du profond azur.

C'est l'heure où l'astre brille, où rayonnent les femmes.
Ta beauté vague et pâle éblouira mes yeux.
Rêveurs, nous mêlerons le trouble de nos âmes
    A la sérénité des cieux.

La calme et sombre nuit ne fait qu'une prière
De toutes les rumeurs de la nuit et du jour ;
Nous, de tous les tourments de cette vie amère
    Nous ne ferons que de l'amour !

15 juin 1819.

V

LE NUAGE

Nous marchons ; il a plu toute la nuit ; le vent
Pleure dans les sapins ; pas de soleil levant ;
Tout frissonne ; le ciel, de teinte grise et mate,
Nous verse tristement un jour de casemate.

Tout à coup, au détour du sentier recourbé,
Apparaît un nuage entre deux monts tombé.
Il est dans le vallon comme en un vase énorme.
C'est un mur de brouillard, sans couleur et sans forme.
Rien au delà. Tout cesse. On n'entend aucun son ;
On voit le dernier arbre et le dernier buisson.
La brume, chaos morne, impénétrable et vide,
Où flotte affreusement une lueur livide,

Emplit l'angle hideux du ravin de granit.
On croirait que c'est là que le monde finit
Et que va commencer la nuée éternelle.

— Borne où l'âme et l'oiseau sentent faiblir leur aile,
Abîme où le penseur se penche avec effroi,
Puits de l'ombre infinie, oh! disais-je, est-ce toi?

Alors, je m'enfonçai dans ma pensée obscure,
Laissant mes compagnons errer à l'aventure.

        Pyrénées, 28 août.

V

A CAUTERETS

Le matin, les vapeurs, en blanches mousselines,
Montent en même temps, à travers les grands bois,
De tous les ravins noirs, de toutes les collines,
    De tous les sommets à la fois.

Un jour douteux ternit l'horizon; l'aube est pâle;
Le ciel voilé n'a plus l'azur que nous aimons,
Tant une brume épaisse à longs flocons s'exhale
    Du flanc ruisselant des vieux monts!

On croit les voir bondir comme au temps du prophète,
Et l'on se dit, de crainte et de stupeur saisi :
— O chevaux monstrueux ! quelle course ont-ils faite
  Que leurs croupes fument ainsi !...

27 août.

VII

Seigneur, j'ai médité dans les heures nocturnes,
Et je me suis assis pensif, comme un aïeul,
Sur les sommets déserts, dans les lieux taciturnes
Où l'homme ne vient pas, où l'on vous trouve seul;

J'ai de l'oiseau sinistre écouté les huées,
J'ai vu la pâle fleur trembler dans le gazon,
Et l'arbre en pleurs sortir du crêpe des nuées,
Et l'aube frissonner, livide, à l'horizon;

J'ai vu, le soir, flotter les apparences noires
Qui rampent dans la plaine et se traînent sans bruit;
J'ai regardé, du haut des mornes promontoires,
Les sombres tremblements de la mer dans la nuit;

J'ai vu dans les sapins passer la lune horrible,
Et j'ai cru par moments, témoin épouvanté,
Surprendre l'attitude effarée et terrible
De la création devant l'éternité.

28 août.

VIII

ÉGLOGUE

— Un journal! Donnez-moi du papier, que j'écrive
Une lettre, et voyez si le facteur arrive.
Il semble que la poste aujourd'hui tarde un peu.
Vent, brouillard, pluie. On est en juin. Faites du feu. —
Comme ces champs ont l'air bougon et réfractaire!
Un gros nuage noir est tout près de la terre;
Le jour a le front bas, et les cieux sont étroits;
Et l'on voit dans la rue, en file, trois par trois,
Serrés dans leurs boutons et droits dans leurs agrafes,
Passer des titotleurss* grisés par des carafes.
Ils sont jeunes, plusieurs ont vingt ans; et pendant
Que, regardant la vie avec un œil pédant,

* *Teatotallers*, buveurs de thé. Prononcer: tittoleurss.

Ils laissent se transir Betsy, Goton et Lise,
L'eau qu'ils boivent leur sort du nez en chants d'église.

Jadis c'était le temps du beau printemps divin;
Silène était dans l'antre et ronflait plein de vin;
Maï frissonnait d'aurore, et des flûtes magiques
Se répondaient dans l'ombre au fond des géorgiques;
L'eau courait, l'air jouait; de son râle étranglé
La couleuvre amoureuse épouvantait Églé;
Les paons dans la lumière ouvraient leurs larges queues;
Et, lueurs dans l'azur, les neuf déesses bleues
Flottaient entre la terre et le ciel dans le soir
Et chantaient; et, laissant à travers elles voir
Les étoiles, ces yeux du vague crépuscule,
Elles mêlaient Virgile assis au Janicule,
Moschus dans Syracuse, et les sources en pleurs,
Les troupeaux, les sommeils sous les arbres, les fleurs,
Les bois, Amaryllis, Mnasyle et Phyllodoce,
A leur mystérieux et sombre sacerdoce.

Guernesey, 20 mai 1856.

IX

Le soir calme et profond se répand dans la plaine.
Ma fille, asseyons-nous. Le couchant jette à peine
Une vague lueur sous l'arche du vieux pont.

Une forge lointaine à l'angélus répond.

Le Seigneur sur la cloche et l'homme sur l'enclume
Forgent la même chose, et l'étoile s'allume
Là-haut en même temps qu'ici-bas le foyer.
Notre destin, vois-tu, mon ange, est tout entier

Dans ces deux bruits qui sont deux voix, deux voix austères,
Tous deux conseillent l'homme au milieu des mystères,
Et lui montrent le but, le port, le gouvernail.
La cloche dit : prière! et l'enclume : travail!

15 septembre 1819.

X

David, le marbre est saint, le bronze est vénérable.
Sous le bois où grandit le tilleul et l'érable,
Où le chêne tressaille, où les germes vivants,
Comme une bouche ouverts, boivent l'onde et les vents,
Sous le fleuve moiré qui, roulant ses eaux vives,
Décompose en ses flots les ombres de ses rives,
Sous le mont colossal, sous l'énorme plateau
Que Jéhovah tailla de son divin marteau,
Sous les vallons charmants, sous la fraîche prairie,
Ce globe laisse voir à notre rêverie
Et cache en même temps à nos yeux trop charnels
Des métaux glorieux, des granits éternels,
Veinés de noirs filons et de zébrures blanches,
Comme le sol marbré par les ombres des branches;

Blocs où filtre la sève, où l'eau monte et descend,
Que le fleuve connaît, que la montagne sent,
Et que l'âpre forêt sous sa racine austère
Presse et fait sourdement remuer dans la terre !
Car la chose aime l'être et tout dans tout se fond.
Un esprit bienveillant, intelligent, profond,
Circule dans les champs, dans l'air, dans l'eau sonore ;
Et la création sait ce que l'homme ignore.

XI

LE LIERRE

Ce ne sont qu'horizons calmes et pacifiques ;
On voit sur les coteaux des chasses magnifiques ;
Le reste du pays, sous le ciel gris ou bleu,
Est une plaine, avec une église au milieu.

Un lierre monstrueux à tige arborescente
Qui sort de l'herbe ainsi qu'une griffe puissante,
Comme un des mille bras de Cybèle au front vert,
Semble, en ce champ aride et de ronces couvert,
Avoir un jour saisi l'église solitaire,
Et la tirer d'en bas lentement dans la terre.

Tour, arcs-boutants, chevet, portail aux larges fûts,
Il cache et ronge tout sous ses rameaux touffus.

Sans doute que dans l'ombre il parle à ces murailles
Et qu'il leur dit : Jadis vous dormiez aux entrailles
Des collines, d'où l'homme arrache incessamment
Le marbre, le granit, l'argile et le ciment;
O pierres, vous devez être lasses d'entendre
Les hommes bourdonner, les orages s'épandre,
Et les cloches d'airain gémir dans les clochers.
Redevenez cailloux, galets, débris, rochers!
Dans la terre au flanc noir retombez pêle-mêle!
Rentrez au sein profond de l'aïeule éternelle!

Bondout, 5 novembre 1816.

XII

Nature! âme, ombre, vie! ô figure voilée!
O sphère toujours noire et toujours étoilée!
      O mystère aux feuillets d'airain!
Texte écrit dans la nue, ainsi que dans les marbres!
Bible faite de flots, de montagnes et d'arbres,
      De nuit sombre et d'azur serein!

Souvent, quand minuit sonne aux clochers de la côte,
Tandis que sur la mer, au loin sinistre et haute,
      Fuit le navire, ce coursier,
Et qu'au-dessus des mâts penchant au poids des toiles
Le nuage en passant se déchire aux étoiles
      Comme un voile à des clous d'acier;

A cette heure où l'Atlas voit le tigre qui rentre,
Où le lion rugit dans la fraîcheur de l'antre,
    Tandis que l'eau des sources luit,
Et que, sur les débris des bas-reliefs de Thèbe,
La vieille ombre Ténare et le vieux spectre Érèbe
    Entr'ouvrent leurs yeux pleins de nuit;

Pendant qu'Ormuz endort les parsis et les guèbres,
Et que les sphinx camus, laissant dans les ténèbres
    Hurler l'hyène et le chacal,
Lisent, dans le désert, allongeant leurs deux griffes,
Les constellations, sombres hiéroglyphes
    Du noir fronton zodiacal;

Pendant que le penseur, scrutant la nuit sublime,
Et cherchant à savoir ce que lui veut l'abîme,
    Ombre d'où nul n'est revenu,
Questionne le bruit, le souffle, l'apparence,
Et sonde tour à tour la crainte et l'espérance,
    Ces deux faces de l'inconnu;

A cet instant profond où l'âme est éperdue,
Où je ne sais quelle hydre, au fond de l'étendue,
    Semble ramper et se tapir,
Moment religieux où la nature penche,
Phase obscure où le ciel dans un souffle s'épanche
    Et la terre dans un soupir;

A cette heure sacrée et trouble, où l'âme humaine,
Jalouse, avare, impure, avide, lâche, vaine,
    Menteuse comme l'histrion,
Étale, abject semeur de ses propres désastres,
Ses sept vices hideux, et le ciel les sept astres
    De l'éternel septentrion;

Quand la profonde nuit fait du monde une geôle,
Quand la vague, roulant d'un pôle à l'autre pôle,
    Se creuse en ténébreux vallons,
Quand la mer monstrueuse et pleine de huées
Regarde en frissonnant voler dans les nuées
    Les sombres aigles aquilons;

Ou, plus tard, quand le jour, vague ébauche, commence...
O plaine qui frémit! bruit du matin immense!
    Tout est morne et lugubre encor;
L'horizon noir paraît plein des douleurs divines;
Le cercle des monts fait la couronne d'épines,
    L'aube fait l'auréole d'or!

Moi, pendant que tout rêve à ces spectacles sombres,
Soit que la nuit, pareille aux temples en décombres,
    Obscurcisse l'azur bruni,
Soit que l'aube apparue au front des cieux sincères,
Farouche et tout en pleurs, semble sur nos misères
    L'œil effaré de l'infini;

Je songe au bord des eaux, triste ; — alors les pensées
Qui sortent de la mer, d'un vent confus poussées,
  Filles de l'onde, essaim fuyant,
Que l'âpre écume apporte à travers ses fumées,
M'entourent en silence, et de leurs mains palmées
  M'entr'ouvrent le livre effrayant.

XIII

Un monument romain dans ce vieux pré normand
Est tombé.

          Les enfants qui font un bruit charmant
Vont jouer là, vers l'heure où le soleil se montre,
Et quand on va du Havre à Dieppe on le rencontre.
Quelque pâtre accroupi sur le bord du chemin
Vous y mène, ou vous suit en vous tendant la main.
Le hameau voisin mêle aux branches ses fumées,
Et l'on entend les coqs chanter dans les ramées.
— C'est là, vous dit le pâtre. Et vous ne voyez rien.
Des pierres, des buissons. — Mais, en regardant bien,
Si l'on se penche un peu, l'on distingue dans l'herbe,
Où prairial rayonne en sa gaîté superbe,
D'anciens frontons sculptés, bas-reliefs triomphaux,
Monstres chargés de tours et chars ornés de faulx,

Des soldats, qui, sans nuire au vol des hirondelles,
Assiégent sous les fleurs de vagues citadelles ;
Et l'on voit, sous les joncs comme sous un linceul,
Le grand César rêvant dans la nuit, triste et seul,
Les daces, noirs profils plein d'injures et de haine,
L'ombre, et je ne sais quoi qui fut l'aigle romaine.

16 avril 1817.

XIV

L'ÉTÉ A COUTANCES

Ah! l'équinoxe cherche noise
Au solstice, et ce juin charmant
Nous offre une bise sournoise;
L'été de Neustrie est normand !

Notre été chicane et querelle;
Son sourire aime à nous leurrer;
Il se rétracte; il tonne, il grêle;
Il pleut, manière de pleurer.

Mais qu'importe! entre deux orages,
Ses rayons glissent, fiers vainqueurs,

Et la pourpre est dans les nuages,
Et le triomphe est dans les cœurs.

Cette grande herbe est mon empire.
Je suis l'amant mystérieux
De l'âme obscure qui soupire
Au fond des bois, au fond des cieux !

Je suis roi chez les fleurs vermeilles.
Quel extase d'être mêlé
Aux oiseaux, aux vents, aux abeilles,
Au vague essor du monde ailé !

L'arbre creux vous offre une chaise ;
L'iris vous suit de son œil bleu ;
On contemple ; il semble qu'on baise
Le bord de la robe de Dieu.

XV

Venez nous voir dans l'asile
Où notre nid s'est caché,
Où Chloé suivrait Mnasyle,
Où l'Amour suivrait Psyché.

Si vous aimez la musique,
C'est ici qu'est son plein vol;
Gluck tousse, Haydn est phtisique
A côté du rossignol.

Ici, la fleur, le poète
Et le ciel font des trios.

O solos de l'alouette !
O tutti des loriots !

Chant du matin, fier, sonore !
L'oiseau vous le chantera !
Depuis six mille ans, l'aurore
Travaille à cet opéra.

Venez ; fiers de vos présences,
Les champs, qui sont des jardins,
Auront mille complaisances
Pour vous autres citadins.

Nos rochers valent des marbres.
Le beau se fera joli.
Le moineau, sous les grands arbres,
Quoique franc, sera poli.

Mai joyeux, juin frais et tendre
Arriveront à propos,
Pour que vous puissiez entendre
La clochette des troupeaux.

Venez, vous verrez les guêtres
Du vieux laboureur normand ;
Les mouches par vos fenêtres
Entreront éperdument.

Le soir, sous les vignes vierges,
Vous verrez Dieu qui nous luit
Allumer les mille cierges
De sa messe de minuit.

Et nous oublierons ces choses
Dont on pleure et dont on rit,
L'homme ingrat, les ans moroses,
L'eau sombre où l'esquif périt,

La fuite de l'espérance,
Les cœurs faux, le temps si court,
Et qu'on partage la France
Dans la Gazette d'Augsbourg.

25 juin 1859.

XVI

A GUERNESEY

Ces rocs de l'océan ont tout, terreur et grâce,
Cieux, mers, escarpement devant tout ce qui passe,
Bruit sombre qui parfois semble un hymne béni,
Patience à porter le poids de l'infini;
Et, dans ces fiers déserts qu'un ordre effrayant règle,
On se sent croître une aile, et l'âme devient aigle.

XVII

GROS TEMPS LA NUIT

Le vent hurle, la rafale
Sort, ruisselante cavale,
    Du gouffre obscur
Et, hennissant sur l'eau bleue,
Des crins épars de sa queue
    Fouette l'azur.

L'horizon, que l'onde encombre,
Serpent, au bas du ciel sombre
    Court tortueux;
Toute la mer est difforme;
L'eau s'emplit d'un bruit énorme
    Et monstrueux.

Le flot vient, s'enfuit, s'approche,
Et bondit comme la cloche
    Dans le clocher,
Puis tombe, et bondit encore ;
La vague immense et sonore
    Bat le rocher.

L'océan frappe la terre.
Oh ! le forgeron mystère,
    Au noir manteau,
Que forge-t-il dans la brume,
Pour battre une telle enclume
    D'un tel marteau ?

L'hydre écaillée à l'œil glauque
Se roule sur le flot rauque
    Sans frein ni mors ;
La tempête maniaque
Remue au fond du cloaque
    Les os des morts.

La mer chante un chant barbare,
Les marins sont à la barre,
    Tout ruisselants ;
L'éclair sur les promontoires
Éblouit les vagues noires
    De ses yeux blancs.

Les marins qui sont au large
Jettent tout ce qui les charge,
    Canons, ballots;
Mais le flot gronde et blasphème.
— Ce que je veux, c'est vous-même,
    O matelots!

Le ciel et la mer font rage.
C'est la saison, c'est l'orage,
    C'est le climat.
L'ombre aveugle le pilote.
La voile en haillons grelotte
    Au bout du mât.

Tout se plaint, l'ancre à la proue,
La vergue au câble, la roue
    Au cabestan.
On croit voir, dans l'eau qui gronde,
Comme un mont roulant sous l'onde,
    Léviathan.

Tout prend un hideux langage;
Le roulis parle au tangage,
    La hune au foc.
L'un dit : — L'eau sombre se lève.
L'autre dit : — Le hameau rêve
    Au chant du coq.

C'est un vent de l'autre monde
Qui tourmente l'eau profonde
    De tout côté,
Et qui rugit dans l'averse;
L'éternité bouleverse
    L'immensité.

C'est fini ! la cale est pleine.
Adieu, maison, verte plaine,
    Âtre emp[ou]rpré !
L'homme crie : ô providence !
La mort aux dents blanches danse
    Sur le beaupré.

Et dans la sombre mêlée
Quelque fée échevelée,
    Urgel, Morgan,
A travers le vent qui souffle,
Jette en riant sa pantoufle
    A l'ouragan.

2 février 1851.

XVIII

DANS MA STALLE

O vieil antre, devant le sourcil que tu fronces,
Parmi les joncs sifflants, les épines, les ronces,
Et les chardons, broutés par l'âne positif,
Sous la protection d'un grand chêne attentif
Qui battait la mesure avec sa tête énorme,
Poussait le coude au frêne et faisait signe à l'orme,
Au fond du hallier sombre, où, dans l'arbre entr'ouvert,
La fée à des coussins de mousse en velours vert
S'accoude, — une linotte, encor toute petite,
Débutait. Dans le lierre et dans la clématite,
Une fauvette dit : Pas mal! puis fredonna;
Et, rêveur, j'écoutais cette prima donna.

15 octobre 1871.

XIX

C'est l'heure où le sépulcre appelle la chouette.

On voit sur l'horizon l'étrange silhouette
D'un bras énorme ayant des courbes de serpent ;
On dirait qu'il protège, on dirait qu'il répand
On ne sait quel amour terrible dans cette ombre.

Est-ce Arimane ?

    O ciel, sous les astres sans nombre,
Dans l'air, dans la nuée où volent les griffons,
Dans le chaos confus des branchages profonds,
Dans les prés, dans les monts, dans la grande mer verte,
Dans l'immensité bleue aux aurores ouverte,
Qu'est-ce donc que l'esprit de haine peut aimer ?
Lui, qui veut tout tarir, que fait-il donc germer ?

Qu'est-ce que dans l'azur son doigt noir peut écrire ?
Sur qui donc fixe-t-il son effrayant sourire ?
Que regarde-t-il donc avec paternité ?
Fait-il croître un hiver tel qu'on n'ait plus d'été ?
Pour les dards dans la nuit fait-il luire les cibles ?
Il semble heureux. Il parle aux choses invisibles ;
Il leur parle si bas, si doucement, qu'on peut
Entendre le rayon de lune qui se meut
Et la vague rumeur des ruches endormies ;
Son fantôme agrandit les ténèbres blêmies ;
On ne sait ce qu'il fait, on ne sait ce qu'il dit ;
Les loups dressent émus leur tête de bandit ;
Iblis parle ; et la stryge affreuse, la lémure,
Ainsi qu'une promesse accueillent ce murmure ;
Rien n'est plus caressant que cette obscure voix ;
Comme un nid d'oiseaux chante et jase dans les bois
Et comme un sein de vierge au fond d'une humble alcôve
S'enfle et s'abaisse, ainsi chuchote l'esprit fauve,
Celui que Mahomet nomme le sombre émir.

Et cependant, on voit toute l'ombre frémir,
Et la mère en son flanc sent l'enfant qui va naître
S'épouvanter, car l'âme humaine craint peut-être,
Quand une main immense apparaît au zénith,
Moins un dieu qui maudit qu'un démon qui bénit.

28 avril 1872.

XX

DROIT DE REPRENDRE HALEINE

Certe, ô solitude,
Je suis l'homme rude,
Le songeur viril ;
Mais puis-je répondre
De ce que fait fondre
Un rayon d'avril ?

L'âme, ô lois obscures,
A des aventures.
Je vis absorbé,
Pensée irritée,

Comme Prométhée,
Comme Niobé ;

L'aspect de l'abîme,
La haine du crime,
L'horreur, le dédain,
Mettent dans ma bouche
Un hymne farouche...
Mais parfois, soudain,

Une strophe passe,
Emplissant l'espace
D'ébats ingénus,
Et m'arrive, ailée,
Fraîche dételée
Du char de Vénus.

*

L'exil sombre assiste
A mon hymne triste ;
Et je suis amer
Dans ma rêverie,
Comme la patrie
Et comme la mer.

Le sceptre et le glaive
Règnent, je me lève
Pour les réprimer ;
Mais suis-je coupable
D'être aussi capable
De rire et d'aimer ?

Le barde est prophète ;
Mais son âme est faite
De plusieurs clartés.
Dieu n'est Dieu, lui-même,
Que parce qu'il sème
De tous les côtés.

Est-ce donc ma faute
Si le soleil m'ôte
Mon deuil par instants ?
Est-ce par faiblesse
Que l'âpre hiver laisse
Entrer le printemps ?

Je n'y puis que faire ;
Némésis préfère
Certes ma fureur ;
Je charme Érynnie
Quand mon vers manie
Un blême empereur ;

Je plais à Tacite
Quand je ressuscite,
Emplissant ma voix
De chants populaires,
Toutes les colères
Contre tous les rois ;

Sous les nuits tombantes
Les vieux corybantes
Mettaient en courroux
Au bruit de leur cistre
Dans le soir sinistre
Les grands aigles roux ;

Et je leur ressemble
Quand ma strophe tremble,
Sonne, parle aux cieux,
Punit, venge, insulte,
Et semble un tumulte
De cris furieux.

Mais l'esprit s'apaise.
Châtier lui pèse.
O forêts ! ciel pur !
Ombre des grands chênes !
Au delà des haines,
Il cherche l'azur.

Comme l'hydre énorme,
Avant qu'elle dorme,
Veut sur l'onde errer,
Les penseurs funèbres
Hors de leurs ténèbres
Viennent respirer.

25 avril.

XXI

QUAND NOUS QUITTIONS AVRANCHES

Ami, vous souvient-il? quand nous quittions Avranches,
Un beau soleil couchant rayonnait dans les branches.
Notre roue en passant froissait les buissons verts.
Nous regardions tous trois les cieux, les champs, les mers,
Et l'extase un moment fit nos bouches muettes,
Car elle, vous et moi, nous étions trois poètes.

Doux instants, où le cœur jusqu'aux bords est rempli.

Puis la route tourna, le terrain fit un pli,
L'océan disparut derrière une chaumière.

Cependant tout encore était plein de lumière ;
Le soleil grandissait les ombres des passants
Et, faisant briller l'eau des lointains frémissants,
Allumait des miroirs sous les rameaux des saules.
Un pont, fait par César quand il vint dans les Gaules,
Montrait à l'horizon son vieux profil romain.
De beaux enfants, pieds nus, couraient dans le chemin ;
Nous semions dans leurs mains toute notre monnaie ;
Eux, dépouillant le pré, la broussaille et la haie,
Nous lançaient des bouquets aux riantes couleurs ;
Nous leur faisions l'aumône, ils nous jetaient des fleurs.
Nous emportions ainsi, tous, notre douce proie,
Eux, un morceau de pain et nous un peu de joie.

Bientôt tout se voila du crêpe obscur des soirs.
Nous passions au galop dans les villages noirs.
Des formes s'agitaient sur les hêtres rougeâtres ;
Des visages pourprés riaient autour des âtres.
Cependant, à travers ces visions de nuit,
Nos quatre ardents chevaux, dans la poudre et le bruit,
Couraient en secouant leurs sonnettes de cuivre,
Et les chiens aboyants s'essoufflaient à les suivre.

Quand le matin des cieux vint bleuir le plafond,
A l'heure où le regard voit, dans l'éther profond,
Pencher vers l'horizon les sept astres du pôle,
Elle laissa tomber son front sur mon épaule,
Et s'endormit ; et nous, nous parlions ; nous disions

Que, si la Poésie, aux yeux pleins de rayons
Comme la Foi, sa sœur, règne sur l'âme humaine,
La Sculpture, païenne, a la chair pour domaine;
Car du génie ancien cet art a le secret;
Et, comme Phidias, Jean Goujon adorait
Diane, la déesse aux longs cheveux d'ébène,
Dont les flèches, troublant la montagne thébaine,
Chassent le daim fuyard qui saute le fossé
Et guette, sur ses pieds de derrière dressé.

Juin 1830.

XXII

Seul au fond d'un désert, avez-vous quelquefois
Entendu des éclats de rire dans les bois ?
Avez-vous fui, baigné d'une sueur glacée ?
Et, plongeant à demi l'œil de votre pensée
Dans ce monde inconnu d'où sort la vision,
Avez-vous médité sur la création
Pleine, en ses profondeurs étranges et terribles,
Du noir fourmillement des choses invisibles ?

7 juillet 1846.

XXIII

Ne vous croyez ni grand, ni petit. Contemplez.

Asseyez-vous le soir sous les cieux étoilés,
Sur le penchant d'un mont, près de la mer profonde.
Voyez s'évanouir les écumes sur l'onde ;

Voyez sortir des flots les constellations ;
Regardez trembler l'algue et fuir les alcyons ;
Écoutez les bruits sourds qu'on entend dans cette ombre ;

De vos ans écoulés rappelez-vous le nombre ;
Laissez votre âme, en deuil de la fuite des jours,
Se fondre au souvenir de vos jeunes amours ;

Pleurez, tandis que l'eau murmure sur la grève ;
Et puis songez à Dieu, qui regarde et qui rêve,
Toujours clément, toujours penché, toujours veillant,

A Dieu qui, du même œil éga et bienveillant,
Voit la comète ouvrant sa flamboyante queue
Et l'humble oiseau perdu dans l'immensité bleue.

28 juillet 1846.

XXIV

SOIR

Dans les ravins la route oblique
Fuit. — Il voit luire au-dessus d'eux
Le ciel sinistre et métallique
A travers des arbres hideux.

Des êtres rôdent sur les rives;
Le nénuphar nocturne éclôt;
Des agitations furtives
Courbent l'herbe, rident le flot.

Les larges estompes de l'ombre,
Mêlant les lueurs et les eaux,

Ébauchent dans la plaine sombre
L'aspect monstrueux du chaos.

Voici que les spectres se dressent.
D'où sortent-ils? que veulent-ils?
Dieu ! de toutes parts apparaissent
Toutes sortes d'affreux profils !

Il marche. Les heures sont lentes.
Il voit là-haut, tout en marchant,
S'allumer ces pourpres sanglantes,
Splendeurs lugubres du couchant.

Au loin, une cloche, une enclume,
Jettent dans l'air leurs faibles coups.
A ses pieds flotte dans la brume
Le paysage immense et doux.

Tout s'éteint. L'horizon recule.
Il regarde en ce lointain noir
Se former dans le crépuscule
Les vagues figures du soir.

La plaine, qu'une brise effleure,
Ajoute, ouverte au vent des nuits,
A la solennité de l'heure
L'apaisement de tous les bruits.

A peine, ténébreux murmures,
Entend-on, dans l'espace mort,
Les palpitations obscures
De ce qui veille quand tout dort.

Les broussailles, les grès, les ormes,
Le vieux saule, le pan de mur,
Deviennent les contours difformes
De je ne sais quel monde obscur.

L'insecte aux nocturnes élitres
Imite le cri des sabbats.
Les étangs sont comme des vitres
Par où l'on voit le ciel d'en bas.

Par degrés, monts, forêts, cieux, terre,
Tout prend l'aspect terrible et grand
D'un monde entrant dans un mystère,
D'un navire dans l'ombre entrant.

XXV

NUIT

★

Le ciel d'étain au ciel de cuivre
Succède. La nuit fait un pas.
Les choses de l'ombre vont vivre.
Les arbres se parlent tout bas.

Le vent, soufflant des empyrées,
Fait frissonner dans l'onde où luit

Le drap d'or des claires soirées,
Les sombres moires de la nuit.

Puis la nuit fait un pas encore.
Tout à l'heure, tout écoutait.
Maintenant nul bruit n'ose éclore ;
Tout s'enfuit, se cache et se tait.

Tout ce qui vit, existe ou pense,
Regarde avec anxiété
S'avancer ce sombre silence
Dans cette sombre immensité.

C'est l'heure où toute créature
Sent distinctement dans les cieux,
Dans la grande étendue obscure,
Le grand Être mystérieux !

*

Dans ses réflexions profondes,
Ce Dieu qui détruit en créant,
Que pense-t-il de tous ces mondes
Qui vont du chaos au néant ?

Est-ce à nous qu'il prête l'oreille?
Est-ce aux anges? Est-ce aux démons?
A quoi songe-t-il, lui qui veille
A l'heure trouble où nous dormons?

Que de soleils, spectres sublimes,
Que d'axes à l'orbe éclatant,
Que de mondes dans ces abîmes,
Dont peut-être il n'est pas content!

Ainsi que des monstres énormes
Dans l'océan illimité,
Que de créations difformes,
Roulent dans cette obscurité

L'univers, où sa sève coule,
Mérite-t-il de le fixer?
Ne va-t-il pas briser ce moule,
Tout jeter et recommencer?

*

Nul asile que la prière!
Cette heure sombre nous fait voir
La création tout entière
Comme un grand édifice noir.

Quand flottent les ombres glacées,
Quand l'azur s'éclipse à nos yeux,
Ce sont d'effrayantes pensées
Que celles qui viennent des cieux.

Oh! la nuit muette et livide
Fait vibrer quelque chose en nous!
Pourquoi cherche-t-on dans le vide?
Pourquoi tombe-t-on à genoux?

Quelle est cette secrète fibre?
D'où vient que, sous ce morne effroi,
Le moineau ne se sent plus libre,
Le lion ne se sent plus roi?

Questions dans l'ombre enfouies !
Au fond du ciel de deuil couvert,
Dans ces profondeurs inouïes,
Où l'âme plonge, où l'œil se perd,

Que se passe-t-il de terrible
Qui fait que l'homme, esprit banni,
A peur de votre calme horrible,
O ténèbres de l'infini?

20 mars 1846.

XXVI

O poëte ! pourquoi tes stances favorites
Marchent-elles toujours cueillant des marguerites,
Toujours des liserons et toujours des bleuets,
Et vont-elles s'asseoir au fond des bois muets,
Laissant sur leurs pieds nus, lavés par les eaux pures,
Ruisseler les cressons comme des chevelures ?
Pourquoi toujours les champs et jamais les jardins ?

D'où te viennent, rêveur, ces étranges dédains ?
Loin du buis rehaussant le sable des allées,
Loin du riant parterre aux touffes étoilées,
Loin des massifs que l'art a si bien su peigner,
Pourquoi fuir ?

Et j'ai dit : Laisse-moi m'éloigner.
La rêverie a peur des portes et des grilles.
La liberté, parmi les socs et les faucilles,
Chante dans les prés verts et rit sous le ciel bleu.

L'homme fait le jardin, les champs sont faits par Dieu.

19 juin 1839.

XXVII

VILLE MORTE

Dans cette ville où rien ne rit et ne palpite,
Comme dans une femme aujourd'hui décrépite,
On sent que quelque chose, hélas! a disparu.

Les maisons ont un air fâché, rogue et bourru;
Les fenêtres, luisant d'un luisant de limace,
Semblent cligner des yeux et faire la grimace,
Et de chaque escalier et de chaque pignon
Il sort je ne sais quoi de triste et de grognon.
Des portes à claveaux du temps de Louis treize,
Des bonshommes de pierre avec pourpoint et fraise,
Des cours avec arceaux en anses de panier,
Force carreaux cassés, maint immense grenier,

Des tours, de grands toits bleus sur des façades rouges,
— Ce serait des palais si ce n'était des bouges, —
Voilà ce qu'on rencontre à chaque pas; et puis
De maussades enfants groupés au bord des puits;
Quelques arbres malsains, tout couverts de verrues,
Percent le long des murs le pavé dans les rues;
Les écriteaux sont peints d'un gothique alphabet;
Les poteaux à lanterne ont un air de gibet;
Les vastes murs, les toits aigus, les girouettes,
Font sur le ciel brumeux de mornes silhouettes.
C'est surtout effrayant et lugubre le soir.
Le jour, les habitants sont rares. On croit voir
Partout le même vieux avec la même vieille.

Dans ces réduits vitrés en verres de bouteille,
Dans ces trous où jamais le soleil n'arriva,
On entend bougonner le siècle qui s'en va.

XXIX

VÉNUS

Ciel! un fourmillement emplit l'espace noir,
On entend l'invisible errer et se mouvoir;
Près de l'homme endormi tout vit dans les ténèbres.

Le crépuscule, plein de figures funèbres,
Soupire; au fond des bois le daim passe en rêvant;
A quelque être ignoré qui flotte dans le vent
La pervenche murmure à voix basse: je t'aime!
La clochette bourdonne auprès du chrysanthème
Et lui dit: paysan, qu'as-tu donc à dormir?
Toute la plaine semble adorer et frémir;
L'élégant peuplier vers le saule difforme
S'incline; le buisson caresse l'antre; l'orme

Au sarment frissonnant tend ses bras convulsifs;
Les nymphæas, pour plaire aux nénuphars pensifs,
Dressent hors du flot noir leurs blanches silhouettes;
Et voici que partout, pêle-mêle, muettes,
S'éveillent, au milieu des joncs et des roseaux,
Regardant leur front pâle au bleu miroir des eaux,
Courbant leur tige, ouvrant leurs yeux, penchant leurs urnes
Les roses des étangs, ces coquettes nocturnes;
Des fleurs déesses font des lueurs dans la nuit,
Et, dans les prés, dans l'herbe où rampe un faible bruit,
Dans l'eau, dans la ruine informe et décrépite,
Tout un monde charmant et sinistre palpite.

C'est que là-haut, au fond du ciel mystérieux,
Dans le soir, vaguement splendide et glorieux,
Vénus rayonne, pure, ineffable et sacrée,
Et, vision, remplit d'amour l'ombre effarée.

    6 mars 1851.

XXX

Qui donc mêle au néant de l'homme vicieux
Des vertus de la terre et des lueurs des cieux?
      Flambe, ô grand feu de ramée,
Ton âtre te ressemble, homme, énigme sans mot ;
Les étincelles sont dans sa cendre, et, là-haut,
      Les étoiles dans sa fumée.

———

XI

O RUS

Laissons les hommes noirs bâcler dans leur étable
Des lois qui vont nous faire un bien épouvantable.
      Allons-nous-en aux bois ;
Allons-nous-en chez Dieu, dans les prés où l'on aime,
Près des lacs où l'on rêve, et ne sachons pas même
      Si des gens font des lois.

Oh ! quand on peut s'enfuir aux champs, dans le grand songe,
Dans les fleurs, sous les cieux, les hommes de mensonge,
      Prêtres, despotes, rois,
Comme c'est peu de chose ! et comme ces maroufles
Sont des fantômes vite effacés dans les souffles,
      Les rayons et les voix !

Laissons-les s'acharner à leur folle aventure ;
Enfants, allons-nous-en là-haut, dans la nature.
      Mai dore le ravin,
Tout rit, les papillons et leur douce poursuite
Passent, l'arbre est en fleur ; venez, prenons la fuite
      Dans cet oubli divin.

L'évanouissement des soucis de la terre
Est là ; les champs sont purs ; là souriait Voltaire,
      Là songeait Diderot ;
On se sent rassuré par les parfums ; les roses
Nous consolent, étant ignorantes des choses
      Que l'homme connaît trop.

Là, rien ne s'interrompt, rien ne finit d'éclore ;
Le rosier respiré par Ève embaume encore
      Nos deuils et nos amours ;
Et la pervenche est plus éternelle que Rome ;
Car ce qui dure peu, monts et forêts, c'est l'homme ;
      Les fleurs durent toujours.

La pyramide après trois mille ans est ridée,
Le lys n'a pas un pli. — Ni la fleur, ni l'idée,
      Ni le vrai, ni le beau,
N'expirent ; Dieu refait sans cesse leur jeunesse ;
La mort, c'est l'aube, et c'est afin que tout renaisse
      Que Dieu fit le tombeau.

O RUS.

O splendeur ! ô douceur ! l'étendue infinie
Est un balancement d'amour et d'harmonie.
   Contemplons à genoux.
Une voix sort du ciel et dans nos fibres passe ;
De là nos chants profonds ; le rhythme est dans l'espace
   Et la lyre est en nous.

Venez ; tous mes enfants, tous mes amis ! les plaines,
Les lacs, les bois n'ont point de perfides haleines
   Et de haineux reflux ;
Venez ; soyons un groupe errant dans la prairie,
Qui va dans l'ombre avec des mots de rêverie,
   Et ne sait même plus,

Tant il sent vivre en lui la nature immortelle,
Si la Chambre a quitté Pantin pour Bagatelle,
   Versailles pour Saint-Cloud,
Et si le pape enfin daigne rougir la jupe
Du prêtre dont le nom commence comme dupe
   Et finit comme loup.

27 mai 1875.

XXXII

Où donc est la clarté? Cieux, où donc est la flamme?
Où donc est la lumière éternelle de l'âme?
Où donc est le regard joyeux qui voit toujours?

Depuis qu'en proie aux deuils, aux luttes, aux amours,
Plaignant parfois l'heureux plus que le misérable,
Je traverse, pensif, la vie impénétrable,
J'ai sans cesse vu l'heure, en tournant pas à pas,
Teindre d'ébène et d'or les branches du compas.
Penché sur la nature, immense apocalypse,
Cherchant cette lueur qui jamais ne s'éclipse,
Chaque fois que mon œil s'ouvre après le sommeil,
Hélas! j'ai toujours vu, riant, vainqueur, vermeil,

De derrière la cime et les pentes sans nombre
Et les blêmes versants de la montagne d'ombre,
Le bleu matin surgir, disant : Aimez ! vivez !
Et rouler devant lui de ses deux bras levés
L'obscurité, bloc triste aux épaisseurs funèbres ;
Et, le soir, j'ai toujours, sous le roc des ténèbres,
Tas monstrueux de brume où nul regard ne luit,
Vu retomber le jour, Sisyphe de la nuit.

7 janvier 1855.

III

I

EFFETS DE RÉVEIL

On ouvre les yeux ; rien ne remue ; on entend
Au chevet de son lit la montre palpitant ;
La fenêtre livide aux spectres est pareille ;
On est gisant ainsi qu'un mort. On se réveille.
Pourquoi ? parce qu'on s'est la veille réveillé
Au même instant. Ainsi qu'un rouage rouillé
Et vieilli, mais exact, l'âme a ses habitudes.

Oh ! la nuit, c'est la plus sombre des solitudes !
L'heure apparaît, entrant, sortant comme un passeur
D'ombres, et notre esprit voit tout dans la noirceur ;
Des pas sans but, des deuils sans fin, des maux sans nombre
Le rêve qu'on avait et qui tremblait dans l'ombre
S'ajuste à la pensée indistincte qu'on a.
Tous les gouffres au bord desquels nous amena

Ce fantôme appelé le hasard, reparaissent ;
Les mêmes visions redoutables s'y dressent ;
Ici le précipice, ici l'écroulement,
Ici la chute, ici ce qui fuit, ce qui ment,
Ce qui tue, et là-bas, dans l'âpre transparence,
Les vagues bras levés de la pâle espérance.
Comme on est triste ! on sent l'inexprimable effroi ;
On croit avoir le mur du tombeau devant soi ;
On médite, effaré par les choses possibles.
Toute rive s'efface. On voit les invisibles,
Les absents, les manquants, cette morte, ce mort ;
On leur tend les mains. Ombre et songe ! On se rendort.

Homme, debout ! voici le jour, l'aube ravie,
L'azur ; et qu'est-ce donc qui rentre ? C'est la vie,
C'est le cri du travail, c'est le chant des oiseaux,
C'est le rayonnement des champs, des airs, des eaux ;
La nuit traîne un linceul, l'aurore agite un lange ;
Tout ce qu'on vient de voir spectre, on le revoit ange ;
Du père qu'on vit mort on voit l'enfant vivant ;
Le monde reparaît, clair comme auparavant ;
On ne reconnaît plus son âme ; elle était noire,
Elle est blanche ; elle espère et se remet à croire,
A sourire, à vouloir ; on a devant les yeux
Un éblouissement doré, chantant, joyeux,
On ne sait quel fouillis charmant de lueurs roses ;
Et tout l'homme est changé parce qu'on voit les choses,
Les hommes, Dieu, les cœurs, les amours, le destin,
A travers le vitrail splendide du matin.

11 septembre 1852.

II

L'ENFANT

Quand l'enfant nous regarde, on sent Dieu nous sonder;
Quand il pleure, j'entends le tonnerre gronder,
Car penser c'est entendre, et le visionnaire
Est souvent averti par un vague tonnerre.
Quand ce petit être, humble et pliant les genoux,
Attache doucement sa prunelle sur nous,
Je ne sais pas pourquoi je tremble ; quand cette âme,
Qui n'est pas homme encore et n'est pas encor femme,
En qui rien ne s'admire et rien ne se repent,
Sans sexe, sans passé derrière elle rampant,
Verse, à travers les cils de sa rose paupière,
Sa clarté, dans laquelle on sent de la prière,
Sur nous les combattants, les vaincus, les vainqueurs;
Quand cet arrivant semble interroger nos cœurs,

Quand cet ignorant, plein d'un jour que rien n'efface,
A l'air de regarder notre science en face,
Et jette, dans cette ombre où passe Adam banni,
On ne sait quel rayon de rêve et d'infini,
Ses blonds cheveux lui font au front une auréole.
Comme on sent qu'il était hier l'esprit qui vole !
Comme on sent manquer l'aile à ce petit pied blanc !
Oh ! comme c'est débile et frêle et chancelant !
Comme on devine, aux cris de cette bouche, un songe
De paradis qui jusqu'en enfer se prolonge
Et que le doux enfant ne veut pas voir finir !
L'homme, ayant un passé, craint pour cet avenir.
Que la vie apparaît fatale ! Comme on pense
A tant de peine avec si peu de récompense !
Oh ! comme on s'attendrit sur ce nouveau venu !
Lui cependant, qu'est-il, ô vivants ? l'inconnu.
Qu'a-t-il en lui? l'énigme. Et que porte-t-il? l'âme.
Il vit à peine ; il est si chétif qu'il réclame
Du brin d'herbe ondoyant aux vents un point d'appui.
Parfois, lorsqu'il se tait, on le croit presque enfui,
Car on a peur que tout ici-bas ne le blesse.
Lui, que fait-il? Il rit. Fait d'ombre et de faiblesse
Et de tout ce qui tremble, il ne craint rien. Il est
Parmi nous le seul être encor vierge et complet;
L'ange devient enfant lorsqu'il se rapetisse.
Si toute pureté contient toute justice,
On ne rencontre plus l'enfant sans quelque effroi;
On sent qu'on est devant un plus juste que soi;
C'est l'atome, le nain souriant, le pygmée ;
Et, quand il passe, honneur, gloire, éclat, renommée,
Méditent; on se dit tout bas : Si je priais ?
On rêve ; et les plus grands sont les plus inquiets ;

Sa haute exception dans notre obscure sphère,
C'est que, n'ayant rien fait, lui seul n'a pu mal faire;
Le monde est un mystère inondé de clarté,
L'enfant est sous l'énigme adorable abrité;
Toutes les vérités couronnent condensées
Ce doux front qui n'a pas encore de pensées;
On comprend que l'enfant, ange de nos douleurs,
Si petit ici-bas, doit être grand ailleurs.
Il se traîne, il trébuche; il n'a dans l'attitude,
Dans la voix, dans le geste aucune certitude;
Un souffle à qui la fleur résiste fait ployer
Cet être à qui fait peur le grillon du foyer;
L'œil hésite pendant que la lèvre bégaie;
Dans ce naïf regard que l'ignorance égaie,
L'étonnement avec la grâce se confond,
Et l'immense lueur étoilée est au fond.

On dirait, tant l'enfance a le reflet du temple,
Que la lumière, chose étrange, nous contemple;
Toute la profondeur du ciel est dans cet œil.
Dans cette pureté sans trouble et sans orgueil
Se révèle on ne sait quelle auguste présence;
Et la vertu ne craint qu'un juge: l'innocence.

Juin 1871.

III

ÉPITAPHES D'ENFANTS

I

Enfant, que je te porte envie !
Ta barque neuve échoue au port.
Qu'as-tu donc fait pour que la vie
Ait sitôt mérité la mort ?

II

Entre au ciel. La porte est la tombe.
Le sombre avenir des humains,
Comme un jouet trop lourd qui tombe,
Échappe à tes petites mains.

III

Qu'est devenu l'enfant ? La mère
Pleure, et l'oiseau rit, chantre ailé.
La mère croit qu'il est sous terre,
L'oiseau sait qu'il s'est envolé.

IV

Aucune aile ici-bas n'est pour longtemps posée.
Quand elle était petite, elle avait un oiseau;
Elle le nourrissait de pain et de rosée
Et veillait sur son nid comme sur un berceau.
Un soir il s'échappa. Que de plaintes amères!
Dans mes bras en pleurant je la vis accourir...
Jeunes filles, laissez, laissez, ô jeunes mères,
Les oiseaux s'envoler et les enfants mourir!

C'est une loi d'en haut qui veut que tout nous quitte;
Le secret du Seigneur, nous le saurons un jour.
Elle grandit. La vie, hélas! marche si vite!
Elle eut un doux enfant, un bel ange, un amour.

Une nuit, triste sort des choses éphémères !
Cet enfant s'éteignit, sans pleurer, sans souffrir...
Jeunes filles, laissez, laissez, ô jeunes mères,
Les oiseaux s'envoler et les enfants mourir !

22 juin 1842.

V

LA FEMME

Je l'ai dit quelque part, les penseurs d'autrefois,
Épiant l'inconnu dans ses plus noires lois,
Ont tous étudié la formation d'Ève.
L'un en fit son problème et l'autre en fit son rêve
L'horreur sacrée étant dans tout, se pourrait-il
Que la femme, cet être obscur, puissant, subtil,
Fût double, et, tout ensemble ignorée et charnelle,
Fît hors d'elle l'aurore, ayant la nuit en elle ?

Le hibou serait-il caché dans l'alcyon ?
Qui dira le secret de la création ?
Les germes, les aimants, les instincts, les effluves,
Qui peut connaître à fond toutes ces sombres cuves ?

Est-ce que le Vésuve et l'Etna, les reflux
Des forces s'épuisant en efforts superflus,
Le vaste tremblement des feuilles remuées,
Les ouragans, les fleurs, les torrents, les nuées,
Ne peuvent pas finir par faire une vapeur
Qui se condense en femme, et dont le sage a peur?

Tout fait Tout, et le même insondable cratère
Crée à Thulé la lave et la rose à Cythère.
Rien ne sort des volcans qui n'entre dans les cœurs.
Les oiseaux dans les bois ont des rires moqueurs
Et tristes, au-dessus de l'amoureux crédule.
N'est-ce pas le serpent qui vaguement ondule
Dans la souple beauté des vierges aux seins nus?

Les grands sages étaient d'immenses ingénus;
Ils ne connaissaient pas la forme de ce globe,
Mais, pâles, ils sentaient traîner sur eux la robe
De la sombre passante, Isis au voile noir;
Tout devient le soupçon quand Rien est le savoir;
Pour Lucrèce le dieu, pour Job le kéroubime
Mentaient; on soupçonnait de trahison l'abîme;
On croyait le chaos capable d'engendrer
La femme, pour nous plaire et pour nous enivrer,
Et pour faire monter jusqu'à nous sa fumée.

La Sicile, la Grèce étrange, l'Idumée,
L'Iran, l'Égypte et l'Inde étaient des lieux profonds;
Qui sait ce que les vents, les brumes, les typhons

Peuvent apporter d'ombre à l'âme féminine ?
Les tragiques forêts de la chaîne Apennine,
La farouche fontaine épandue à longs flots
Sous l'Olympe, à travers les pins et les bouleaux,
L'antre de Béotie où dans l'ombre diffuse
On sent on ne sait quoi qui s'offre et se refuse,
Chypre et tous ses parfums, Delphe et tous ses rayons,
Le lys que nous cueillons, l'azur que nous voyons,
Tout cela, c'est auguste, et c'est peut-être infâme.
Tout à leurs yeux était sphinx, et, quand une femme
Venait vers eux, parlant avec sa douce voix,
Qui sait ? peut-être Hermès et Dédale, les bois,
Les nuages, les eaux, l'effrayante Cybèle,
Toute l'énigme était mêlée à cette belle.

L'univers aboutit à ce monstre charmant.
La ménade est déjà presque un commencement
De la femme chimère, et d'antiques annales
Disent qu'avril était le temps des bacchanales
Et que la liberté de ces fêtes s'accrut
Des fauves impudeurs de la nature en rut ;
La nature partout donne l'exemple énorme
De l'accouplement sombre où l'âme étreint la forme ;
La rose est une fille ; et ce qu'un papillon
Fait à la plante est fait au grain par le sillon.
La végétation terrible est ignorée.
L'horreur des bois unit Flore avec Briarée
Et marie une fleur avec l'arbre aux cent bras.
Toi qui sous le talon d'Apollon te cabras,
O cheval orageux du Pinde, les narines
Frémissaient quand passaient les nymphes vipérines,

Et, sentant là de l'ombre hostile à ta clarté,
Tu t'enfuyais devant la sinistre Astarté.
Et Terpandre le vit, et Platon le raconte.

La femme est une gloire et peut être une honte
Pour l'ouvrier divin et suspect qui la fit.
A tout le bien, à tout le mal, elle suffit.
Haine, amour, fange, esprit, fièvre, elle participe
Du gouffre, et la matière aveugle est son principe.
Elle est le mois de mai fait chair, vivant, chantant.
Qu'est-ce que le printemps ? une orgie. A l'instant
Où la femme naquit, est morte l'innocence.
Les vieux songeurs ont vu la fleur qui nous encense
Devenir femme à l'heure où l'astre éclôt au ciel,
Et, pour Orphée ainsi que pour Ezéchiel,
La nature n'étant qu'un vaste hymen, l'ébauche
D'un être tentateur vit dans cette débauche ;
C'est la femme.

     Elle est spectre et masque, et notre sort
Est traversé par elle ; elle entre, flotte, et sort.
Que nous veut-elle ? A-t-elle un but ? Par quelle issue
Cette apparition vaguement aperçue
S'est-elle dérobée ? Est-ce un souffle de nuit
Qui semble une âme errante et qui s'évanouit ?

Les sombres hommes sont une forêt, et l'ombre
Couvre leurs pas, leurs voix, leurs yeux, leur bruit, leur nom
Le genre humain, mêlé sous les hauts firmaments,
Est plein de carrefours et d'entre-croisements,

Et la femme est assez blanche pour qu'on la voie
A travers cette morne et blême claire-voie.
Cette vision passe, et l'on reste effaré.
Aux chênes de Dodone, aux cèdres de Membré,
L'hiérophante ému comme le patriarche
Regarde ce fantôme inquiétant qui marche.

Non, rien ne nous dira ce que peut être au fond
Cet être en qui Satan avec Dieu se confond.
Elle résume l'ombre énorme en son essence.

Les vieux payens croyaient à la toute-puissance
De l'abîme, du lit sans fond, de l'élément ;
Ils épiaient la mer dans son enfantement ;
Pour eux, ce qui sortait de la tempête immense,
De toute l'onde en proie aux souffles en démence
Et du vaste flot vert à jamais tourmenté,
C'était le divin sphinx féminin, la Beauté,
Toute nue, infernale et céleste, insondable.
O gouffre ! et que peut-on voir de plus formidable,
Sous les cieux les plus noirs et les plus inconnus,
Que l'océan ayant pour écume Vénus !

8 avril 1871.

VI

Si le sort t'a fait riche, aie au bien l'âme prompte.
Sois pensif, humble et doux; rachète en t'abaissant
Ta trop haute stature, et songe que Dieu monte
      Vers celui qui descend.

Ne réveille jamais brusquement ton esclave;
Laisse dormir le bœuf qui creuse le sillon;
Sénateur, plains le pauvre, et que ton laticlave
      Ait pitié du haillon.

Sers celui qui te sert, car il te vaut peut-être;
Pense qu'il a son droit comme toi ton devoir;
Ménage les petits, les faibles. Sois le maître
      Que tu voudrais avoir.

―――

VII

A CEUX QUI FONT DE PETITES FAUTES

Sois avare du moindre écart d'honnêteté.
Sois juste en détail. Voir des deuils, rire à côté,
Mentir pour un plaisir, tricher pour un centime,
Cela ne te fait rien perdre en ta propre estime;
Eh bien, prends garde! Tout finit par s'amasser.
Des choses que tu fais presque sans y penser,
Vagues improbités, parfois inaperçues
De toi-même, te font tomber, sont des issues
Sur le mal et par là tu descends dans la nuit.
Un lourd câble est de fils misérables construit;
Qu'est-ce que l'océan? une onde après une onde;
Un ver creuse un abîme, un pou construit un monde;
C'est brin à brin que l'aigle énorme fait son nid;
Un tas de petits faits peu scrupuleux finit

Par faire le total d'une action mauvaise
Et, d'atome en atome, on se charge, et l'on pèse
Souvent, quand vient le jour du compte solennel,
En n'étant qu'imprudent, le poids d'un criminel.
Homme, la conscience est une minutie.
L'âme est plus aisément que l'hermine noircie.
L'aube sans s'amoindrir toujours partout entra.
Ne crois pas que jamais, parce qu'on les mettra
Dans les moindres recoins de l'âme, on rapetisse
La probité, l'honneur, le droit et la justice.

VIII

Le père est mort hier, l'enfant joue aujourd'hui.

L'ombre peut-être est là, pleine d'un sombre ennui.
L'enfance est froide, hélas ! Son œil bleu qui nous charme
Nous glace. O deuil ! le temps d'essuyer une larme,
Le chagrin de l'enfant s'en va, vide et subtil.

— Hier ! qu'est-ce qu'hier ? Un mort ! où donc est-il ?
Pourquoi n'y sont-ils plus, ceux qu'on voyait ? Les choses
Disparaissent la nuit. Vois donc ces belles roses ! —

L'enfant rit. Sa pensée est une mouche. Il rit !

Nul souvenir ne reste en ce rapide esprit,
Nul reflet dans cette eau dont vacille la moire;
Chaque souffle qui passe emporte sa mémoire !

Qu'est-il ? Rose lui-même, en attendant qu'il soit
Quelqu'un de grandissant que le sort aperçoit.
Voyez-le dans l'aurore avec les autres plantes
Comme lui faites d'ombre et comme lui tremblantes;
Il n'est rien qu'un parfum comme elles ; frais, vermeil,
La pénétration charmante du soleil
Le dore, et fait qu'on voit au fond d'une auréole
La petite âme ouverte ainsi qu'une corolle.
De pleurs et de rayons, l'aube vient le baigner,
Et voit la seule fleur qui doive un jour saigner.

IX

LA PENSÉE DE LA GUERRE

IMPORTUNE LES DEVINS

Les prophètes pensifs sont loin des multitudes,
Loin des villes qu'emplit le tumulte et le bruit ;
On sait qu'ils sont là-bas dans leurs sombres études ;
Ils n'ont autour d'eux, nus au fond des solitudes,
Le jour que le soleil et que l'ombre la nuit.

Nul vivant ne les suit. Que le vent souffle ou dorme,
Jamais leur toit de joncs n'attire un pas humain ;
Du désert morne et grand leur esprit prend la forme ;

Le lion, qui parfois montre sa tête énorme,
Les voit de loin rêver et passe son chemin.

Et cependant, voici ce qu'ont dit les prophètes
Dont l'œil voit l'avenir et brille aux lieux sacrés :
— Jusques à quand, troublés au fond de nos retraites,
Entendrons-nous des cris et le bruit des trompettes
Et verrons-nous s'enfuir des hommes effarés ?

14 juillet.

X

Ah ! prenez garde à ceux que vous jetez au bagne !
La colère devient leur sinistre compagne.
Cet homme était né bon, et le voilà méchant.
Dans ce cerveau pensif qui va se desséchant,
La conscience meurt comme expire une lampe.
L'innocence est un feu redoutable qui rampe
Et couve sous la peine injuste, et lentement
Emplit un cœur de fiel et de ressentiment.
On sent en soi grandir une fournaise infâme
Faite de ce qu'on a de plus noble dans l'âme.
Quel spectre qu'un forçat sans tache, en qui se tord
Une rage à laquelle on ne peut donner tort !
Lui, l'honnête homme, il est dans le gouffre de honte !
Vous tous, s'il peut jamais vous en demander compte
Oh ! comme il châtiera votre exécrable erreur !
Plus il eut de vertu, plus il a de fureur.

Noircissement étrange et terrible du cygne !
N'espérez pas qu'au bagne inique on se résigne.
On attise sa haine avec tous ses amours ;
Vengeance ! on songe aux cœurs adorés, aux beaux jours,
A cet azur charmant de la vie innocente,
A la mère, à la sœur, à la femme, à l'absente,
Aux chansons, au travail probe, libre, assidu,
A tout ce paradis doré qu'on a perdu,
Aux doux petits enfants qu'avec furie on nomme,
Aux anges, et ce ciel creuse un enfer dans l'homme.

XI

Oh ! que l'homme n'est rien et que vous êtes tout,
Seigneur !

      O Dieu vivant, toi seul restes debout
Dans la tranquillité des choses éternelles !
Le sombre aigle infini, quand il ouvre ses ailes,
Plonge l'une en ton ombre et l'autre en ta clarté.
L'homme est Baal, Moloch, Arimane, Astarté ;
L'abjection habite avec la bête humaine.
Le néant, de la fange à la cendre nous mène.
Ame aveuglée, esprit éteint, cœur en lambeau,
L'homme est mort bien avant qu'il descende au tombeau ;
Toute corruption de son vivant le ronge :
L'avarice, l'orgueil, la haine, le mensonge,
L'amour vénal, l'erreur folle, l'instinct bâtard ;
De sorte qu'on ne sait ce qui pourrit plus tard.

Fourmillère du mal, insectes de l'abîme,
Sur nos entassements de folie et de crime,
Sur nos monceaux d'horreurs, d'échafauds, de pavois,
Nous nous dressons, pendant qu'énorme tu nous vois.
Tu regardes nos cris, nos bruits, notre démence ;
Le grand ciel est le bleu de ta prunelle immense.
De notre vie obscure usant les vils chaînons,
Sous cet œil formidable et doux nous nous traînons.
Nos splendeurs sont un feu rampant dans l'herbe noire ;
Et, dans ces sombres nuits qu'on nomme âges de gloire,
Temps d'Alcide, d'Hermès, d'Achille, d'Amadis,
Siècle de Périclès, siècle de Léon dix,
Sur ces tas de fumier, les Athènes, les Romes,
Passent ces vers luisants qu'on appelle grands hommes.

19 août 1851.

XII

A PAUL M.

Paul, je connais si bien l'autre côté des choses
Que toujours je regarde en mes apothéoses
La hauteur du rocher d'où je devrai tomber.
Le sort change — je l'ai subi sans me courber —
Une femme en squelette, un palais en masure.

Et c'est pourquoi, passant fraternel, je mesure,
Souriant et pensif, sans retirer ma main,
A l'amour d'aujourd'hui la haine de demain.
Aux éblouissements de l'aube je calcule
La morne hostilité qu'aura le crépuscule.
Qui ne fut point haï n'a vécu qu'à demi.
Et, tâchant d'être bon, je laisse, ô mon ami,

Passer l'un après l'autre, en cette ombre où nous sommes
Tous les faux lendemains de la terre et des hommes,
Sûr de ce lendemain immense du ciel bleu
Qu'on appelle la mort et que j'appelle Dieu.

2 septembre 1872.

XII

VISIONS

*

A mesure qu'au loin s'éclipse
La plaine effacée au regard,
Toute une sombre apocalypse
Apparaît à l'homme hagard.

Tous ces fantômes que, sans nombre,
Produit le soir qui s'assombrit
L'entourent et, sortant de l'ombre,
Entrent en foule en son esprit.

Noir caveau sur qui Dieu surplombe,
Il rêve ce que l'on rêva,

Le jour qui fuit, la nuit qui tombe,
La mort qui vient, l'homme qui va.

Devant sa paupière enflammée,
Sur un fond morne et sans rayons,
Comme les flots d'une fumée,
Passent les lentes visions.

La destinée à lui se montre.
Il croit entrevoir, en fuyant
Les pâles spectres qu'il rencontre,
Quelque paysage effrayant.

Il songe effaré. — Tout se lève,
Tout retombe, tout a flotté. —
Il ne sait plus si c'est le rêve
Ou si c'est la réalité.

Puis, tout prend forme, tout se range
Comme en un enfer douloureux,
Et tout dans cette brume étrange
Devient distinct, et reste affreux.

Il voit les fortunes humaines
Comme un taillis vertigineux
Où resplendit l'œil des sirènes
Sous des branchages épineux.

Il plonge son regard qui brille
Dans ce gouffre aux aspects mouvants,
Dans ces ténèbres où fourmille
L'aveugle foule des vivants.

A travers l'ombre et ses embûches
Il entend bruire leurs voix
Comme des essaims dans les ruches,
Comme des oiseaux dans les bois.

Chacun travaille, — loi tracée
Par Dieu même à l'homme maudit, —
L'un son champ, l'autre sa pensée.
L'un creuse, l'autre approfondit.

Tous vont cherchant, aucun ne trouve.
Le ciel semble à leur désespoir
Noir comme l'antre d'une louve,
Au fond d'un bois, l'hiver, le soir.

Où vont-ils ? vers la même porte.
Que sont-ils ? les flots d'un torrent.
Que disent-ils ? la nuit l'emporte.
Que font-ils ? la tombe le prend.

Un vent, comme le jonc flexible,
Les courbe tous, jeunes et vieux... —
Oh ! de quelle bouche invisible
Souffle ce vent mystérieux ?

Toute la nature vivante
Tressaille, à l'heure où le jour fuit,
Sous je ne sais quelle épouvante
Qui tombe des astres la nuit.

Livrée aux mystères sans nombre,
Morne, elle voit en frémissant,
S'ouvrir sur elle dans cette ombre
L'œil de l'inconnu tout-puissant.

Oh ! quel effroi ! se reconnaître,
Sans durée et sans liberté,
A la discrétion de l'être
Qui se meut dans l'éternité

Notre énigme où tout se rassemble
Pour cacher le but et le mot !
On sent en bas quelqu'un qui tremble
On sent quelqu'un qui rêve en haut.

28 avril 1810.

XIV

ORIGINE DES DIEUX

L'homme croit avoir fait un pas dans l'inconnu
Quand il met sur l'autel quelque faune cornu,
Quelque dragon rampant sur des membres hybrides,
Ou quelque affreux brahma dont il dore les rides;
Il croit s'être avancé bien loin dans l'idéal
Lorsque par Zeus il a complété Bélial,
Ou lorsqu'il a choisi pour s'en faire une idole
Quelque apparition du sommeil, sombre et folle,
Et qu'il s'est prosterné devant ses cauchemars,
En les nommant Mithra, Neptune, Irmensul, Mars!

Est-il du moins l'auteur de ces larves? Non, l'être
En se décomposant dans l'ombre les fait naître;

Et tous ces dieux, Moloch, Jupiter, Astarté,
Thor, masques de démence ou de difformité,
Chacun portant son thyrse ou sa foudre ou sa bible,
Sont des types de nuit flottant dans l'invisible.
Quoiqu'ils soient vils, méchants, obscènes, odieux,
Homme, tu n'as pas même enfanté les faux dieux.
O passant misérable, ô chercheur éphémère,
Tu ne peux rien créer, pas même une chimère!
L'ombre qui t'enveloppe, ô pauvre être banni,
La profondeur qui semble un mur de l'infini,
L'effrayant fond brumeux d'où les visions pleuvent,
Sur qui confusément les atomes se meuvent,
Où l'on distingue à peine et la vie et la mort
Et les linéaments mystérieux du sort,
L'immense obscurité, pleine de vagues porches
Où de tous les autels tremblent toutes les torches,
Où des souffles, suivis d'effacements soudains,
Dessinent des enfers, des pindes, des édens,
Deucalion, Pluton, Satan, Ève et sa pomme,
Triste, n'accepte pas des dieux sortis de l'homme.
Crois-tu donc imposer tes rêves à la nuit?
Cette grande songeuse envoie en ton réduit
Ses blêmes légions d'ombre battant de l'aile;
C'est elle qui les fait, et tu les reçois d'elle.

Et, quand un prêtre dit tout bas dans son orgueil:
— J'invente des démons qui mettent l'homme en deuil;
Je suis le créateur suprême et solitaire
D'un tas de spectres, honte ou frayeur de la terre;
Et le monde, stupide et morne, est sous le faix
De tous les dieux impurs et sanglants que je fais,

Fô, Dagon, Teutatès, Vénus aux yeux funèbres ! —
La nuit qui les créa d'un pan de ses ténèbres,
Rit, et de leur noirceur a peu d'étonnement.
Le formidable ciel sait que le prêtre ment.

XV

— Les écrivains sont tous plus ou moins des démons.
Ils veulent nous ôter le Dieu que nous aimons !
Prenez garde à l'enfer ! Défiez-vous des livres ! —

Ainsi parlent avec des gestes de gens ivres,
De pauvres hommes noirs, vaguement égarés,
Qui sont fakirs dans l'Inde et parmi nous curés.
Comme ils sont ignorants, ces chers énergumènes,
Plaignons-les. Leur colère aux phrases inhumaines
S'agite dans de l'ombre, et fait le triste bruit
Du torrent dans sa chute et du vent dans la nuit.

Un jour, terrifiant le pâtre et la vachère,
Un de ces bonzes-là pérorait dans sa chaire;

Le bon bavard farouche aux longs bras, au sommet
De son bahut orné d'un pigeon, écumait;
Ce rustre sombre, avec l'éloquence patoise
Qui ferait rire Athène et fait trembler Pontoise,
Secouait sur Satan, Voltaire et le bon sens
Toutes sortes de coups de foudre paysans.
C'était de quoi frémir! Nonotte, plus de Maistre!
C'était la foi sans frein, le dogme à grand orchestre,
Un sauveur menaçant qui grinçait et suait,
Et Jocrisse venant secourir Bossuet.

Autour de ce hurleur formidable, les branches
Offraient leur ombre amie aux vagues ailes blanches;
Les halliers étaient pleins de la douceur des nids
D'où sortait le rayon des bonheurs infinis;
Les plaines étalaient la vaste paix champêtre;
Ce Dieu que dans l'église obscurcissait le prêtre
A force de credos et de confiteors,
Le soleil le prouvait tranquillement dehors.

Mon père, doux passant qui m'a conté la chose,
Était là.

   Laissez-moi, car ce nom me repose,
Vous dire que mon père était un sage pur,
Un de ces penseurs vrais qui, dans le monde obscur,
Montrent un front serein même à l'épreuve austère,
Qui cherchent le côté rassurant du mystère,
Et se font expliquer l'énigme du destin
Par le splendide chant des oiseaux le matin.

Il était souriant toujours, jamais sceptique.
Aucune bible, aucune illusion d'optique,
Ne troublaient son regard fixé sur le réel.
Il était confiant dans la beauté du ciel.

Donc le digne curé faisait rage. Et les chênes,
Les ormes, qui, sans peur tremblant, grondent sans haines,
Continuaient leur grand murmure dans les bois;
Une confusion de rumeurs et d'abois
S'éteignait dans les champs et venait de la ville,
Auguste apaisement des clameurs dans l'idylle;
Cette conviction que donne aux cœurs l'azur,
Sorte de point d'appui mystérieux et sûr,
Était partout sensible, et les molles prairies
Exhalaient ces parfums qu'on nomme rêveries.
La clémence éternelle était visible aux yeux.
Le bon curé semblait d'autant plus furieux.
La foudre au poing, voyant dans Vaugirard Sodome,
Sinistre, il accablait du poids du bon Dieu l'homme;
Il damnait tout, sans choix, sans trêve, sans répit.

Tout à coup un Gros-Jean quelconque interrompit,
Raillant le prêtre; ainsi parfois Pyrrhon poignarde
Patouillet à travers la blouse campagnarde :

— Si Dieu n'existait pas?... répondez à cela!

— Il faudrait l'inventer, dit mon père.

                              — Voilà,
S'écria le curé, j'en prends à témoin Rome
Et le saint-père, un cri de l'âme !

                              Et le bonhomme
Sut gré du cri de l'âme à mon père, lequel
L'avait pris dans le diable, édition de Kehl.

3 mars 1877.

XVI

EN SORTANT D'UNE ÉGLISE

Ce prêtre a dit au peuple :

                     — Enfants, baissez les yeux !
Dieu n'est point l'âme vague éparse au fond des cieux.
La nature vous trompe et l'univers vous leurre.
Qui n'est point avec nous à jamais souffre et pleure.
Ne cherchez jamais Dieu hors du texte divin ! —

Ainsi l'immensité chante un cantique vain !
Quoi donc ! je dois, avant de voir Dieu tel que l'âme
L'aperçoit, flamboyant d'une beauté de flamme,
Avant de l'adorer tel que me le font voir
Toutes les profondeurs de l'aurore et du soir.

L'étoile dans l'azur, la perle dans la nacre.
Faire rectifier l'Éternel par un diacre !
Il faut sous un missel prosterner notre foi !
L'aube enseigne l'amour et la bible l'effroi ;
Le curé crie : enfer ! l'astre crie : espérance !
C'est le curé qu'il faut croire de préférence !
Je dois subordonner, dans mon cœur qui bondit,
Ce que dit l'univers à ce qu'un prêtre dit !
Ce n'est plus l'infini, c'est l'homme qu'il faut suivre.
Quoi ! la création n'est-elle donc qu'un livre
Dont les religions rédigent l'erratum !
Quoi ! les lys de Sâron, les roses de Pœstum,
La foudre, le soleil dorant la solitude,
N'ont pas dans leur lumière autant de certitude
Qu'un symbole en latin ou qu'un dogme en hébreu !

Tout bien considéré, nous destituons Dieu !

XVII

CONTEMPLATION. — CONSOLATION

Que la douleur est courte et vite évanouie!

Hélas! sitôt qu'une ombre en terre est enfouie,
Vers cet être éclipsé qui jadis rayonna
Nul ne se tourne plus. Le premier soin qu'on a
C'est de se délivrer de la mémoire chère.
Dehors, ce mendiant! L'un rit, fait bonne chère,
Et dit : Buvons, mangeons, vivons! c'est le réel.
L'autre endort son regret en regardant le ciel,
Admire et songe, esprit flottant à l'aventure,
Et fait évaporer ses pleurs dans la nature.
L'homme que le chagrin ne peut longtemps plier,
Passe; tout nous est bon, hélas! pour oublier;

La contemplation berce, apaise et console;
Le cœur laisse, emporté par l'aile qui l'isole,
Tomber les souvenirs en montant dans l'azur;
Le tombeau le plus cher n'est plus qu'un point obscur.
Ceux qui vivent chantant, riant sans fin ni trêve,
Ont bien vite enterré leurs morts; celui qui rêve
N'est pas un meilleur vase à conserver le deuil.
La nature emplit l'âme en éblouissant l'œil;
Et l'araignée oubli, quand elle tend sa toile,
D'un bout l'attache à l'homme et de l'autre à l'étoile.

18 mai 1851.

XVIII

Une nuit je rêvais, et je vis dans mon rêve
Une plaine sans bords pareille aux flots sans grève,
Ouverte à tous les vents comme les vastes mers.

C'était un de ces lieux inquiets et déserts
Où flotte encor le bruit confus des multitudes,
Où l'on sent, à travers les mornes solitudes,
Aux palpitations dont frémit l'air troublé,
Quelque peuple inconnu, comme une onde écoulé.
Cette plaine était rousse, immense, triste et nue,
Sans une goutte d'eau pour refléter la nue;
Pas un champ labouré, pas un toit; nul témoin,
Nul passant.

   Seulement, on y voyait, au loin,

De grands lions de pierre, étranges et superbes,
De distance en distance isolés dans les herbes.

Immobiles, debout sur des granits sculptés
Qu'atteignaient les buissons par le vent agités,
Tous, ayant quelque fière et terrible posture,
Ils semblaient, au milieu de la sombre nature
Qui rayonnait dans l'ombre à mon œil ébloui,
Écouter la rumeur d'un monde évanoui.

Qu'est-ce que ces lions faisaient dans cette plaine ?
Peut-être y gardaient-ils quelque mémoire vaine,
Quelque grand souvenir dans l'ombre descendu,
Comme des chiens pensifs dont le maître est perdu ?
Étaient-ce des rochers ? Étaient-ce des fantômes ?
Peut-être ils avaient vu tomber bien des royaumes.
Qui sait ? avant ces temps obscurs, profonds, lointains,
Où l'histoire à tâtons perd ses flambeaux éteints,
Où la tradition indistincte s'émousse,
Peut-être étaient-ils là, déjà rongés de mousse ?
Peut-être l'ouvrier n'avait-il rien d'humain
Qui les avait sculptés de sa puissante main ?
Qui donc les avait mis seuls dans ce vaste espace
Pour entendre à jamais pleurer le vent qui passe,
Siffler l'herbe et glisser le lézard dans les grès ?

Sans oser faire un pas, je les considérais
Avec l'effroi qu'on a devant les choses sombres.
Nul vestige autour d'eux, ni sentiers, ni décombres ;
Rien que la ronce obscure et le buisson noirci.

Or, tout à coup, pendant que je rêvais ainsi,
Il apparut, — c'était l'heure où le jour recule, —
Dans le ciel sépulcral et froid du crépuscule,
L'aile ouverte et planant sur cet horizon noir,
Un oiseau monstrueux, vaste, effroyable à voir,
D'une forme inconnue à la nature entière,
Si fauve et si hideux que les lions de pierre
S'enfuirent en poussant de longs rugissements.

O Dieu, vous qui, penché sur les esprits dormants,
Leur envoyez, la nuit, le Moloch ou l'Archange,
Que vouliez-vous me dire avec ce songe étrange?
Serait-ce, après nos jours sans joie et sans honneur,
La figure des temps où nous entrons, Seigneur?

XIX

Je rêve une nature innocente et meilleure.

Je ne comprends pas bien pourquoi le regard pleure,
Et comment il se peut que de l'œil effaré
Sorte une larme après qu'un rayon est entré;
Où la lumière vient doit demeurer la joie.
Dans ce frais paradis idéal, où j'emploie
Mes songes, où je mets le possible divin,
On chantera; chanter n'est pas stérile et vain,
Chanter est le doux bruit des esprits sur les cimes;
En jetant l'harmonie aux profondeurs sublimes,
Aux vents, aux océans, aux sillons, aux fruits verts,
Une chanson travaille à l'immense univers;
La mélodie utile et sainte est une haleine;

Une femme qui passe en chantant dans la plaine
Mêle une vague lyre au rhythme universel.
De là, plus d'âme aux fleurs et plus d'azur au ciel;
De là, je ne sais quelle indulgence sereine.

On n'aura pas besoin de se donner de peine
Pour se sentir aimé là-haut dans l'infini;
Le nid sera sacré, l'épi sera béni,
Tout germe engendrera son fruit, toute promesse
Tiendra parole, et, sans église ni sans messe,
Sans prêtres, tant sera transparent le ciel bleu,
La soif verra la source et l'âme verra Dieu.

10 janvier 1876.

XX

DANS LE CIMETIÈRE DE ***

Je priais, recueilli dans ma pensée intime.
Le cimetière est doux au deuil silencieux
A cette heure où le soir ineffable et sublime
Vient à la paix des morts mêler la paix des cieux.

J'entendis qu'on marchait, je levai les paupières ;
Le vent remuait l'herbe autour des crucifix,
Et je vis à pas lents venir parmi les pierres
Un aïeul par la main menant son petit-fils.

Ému, j'interrompis mes funèbres extases,
Pour les suivre des yeux et tout bas les bénir. —

Un vieillard! un enfant! ô mystérieux vases!
L'un rempli du passé, l'autre de l'avenir!

Cette petite main dans cette main débile
Me rappelait des jours enfuis, des jours meilleurs.
Le vieillard, par moments, s'arrêtant, immobile,
Regardait les tombeaux; l'enfant cherchait des fleurs.

Le vieillard regardait les sépulcres dans l'ombre,
Comme si, morne et blême et baigné de sueur,
A force d'y fixer son œil profond et sombre,
Il en faisait sortir quelque étrange lueur.

15 août 1846.

XXI

Oh! dis! pourquoi toujours regarder sous la terre,
Interroger la tombe et chercher dans la nuit?
Et toujours écouter, penché sur cette pierre
    Comme espérant un bruit?

T'imagines-tu donc que ceux que nous pleurâmes
Sont là couchés sous l'herbe, attentifs à nos pas?
Crois-tu donc que c'est là qu'on retrouve les âmes?
    Songeur, ne sais-tu pas

Que Dieu n'a pas voulu, lui qui règle et dispose,
Que la flamme restât quand s'éteint le flambeau,

Et que l'homme jamais pût mettre quelque chose
Hélas! dans le tombeau!

Ne sais-tu pas que, l'âme une fois délivrée,
Les fosses, dévorant les morts qu'on enfouit,
Se remplissent d'une ombre effrayante et sacrée
Où tout s'évanouit?

Tu te courbes en vain, dans ta douleur amère,
Sur le sépulcre noir plein des jours révolus,
Redemandant ta fille, et ton père, et ta mère,
Et ceux qui ne sont plus!

Tu te courbes en vain. Ainsi que dans la vague
Le plongeur se fatigue à chercher des trésors,
Tu tâches d'entrevoir quelque figure vague
De ce que font les morts.

Rien ne brille pour toi, sombre tête baissée;
La tombe est morne et close au regard curieux :
Tu n'as plus un rayon qui luise en ta pensée...
Joyeux, lève les yeux!

Lève les yeux! renonce à sonder la poussière.
Fais envoler ton âme en ce firmament bleu,
Regarde dans l'azur, cherche dans la lumière,
Et surtout crois en Dieu!

Crois en celui dont tout répète les louanges !
Crois en l'éternité qui nous ouvre les bras !
Appelle le Seigneur, demande-lui tes anges,
  Et tu les reverras !

Oui, même dès ce monde où pleure la misère,
En élevant toujours ton cœur rempli d'espoir,
Sans t'en aller d'ici, sans qu'il soit nécessaire
  De mourir pour les voir,

Parce qu'en méditant la foi s'accroît sans cesse,
Parce qu'à l'œil croyant le ciel s'ouvre éclairci,
Un jour tu t'écrieras tout à coup, plein d'ivresse :
  O mon Dieu ! les voici !

Et tu retrouveras, ô pauvre âme ravie,
Une ombre du bonheur de ton passé joyeux,
Dans ces fantômes chers qui charmèrent la vie
  Et qui sont dans les cieux.

Comme à l'heure où la plaine au loin se décolore,
Quand le soir assombrit le jour pâle et décru,
Là-haut, dans la nuée, on peut revoir encore
  Le soleil disparu.

 27 octobre 1811.

XXII

INSCRIPTION DE SÉPULCRE

Je nais. Que suis-je? O deuil, j'ai peur, j'ai froid, je pleure,
  Je souffre, je suis homme, hélas!
Il faudra que je vive, il faudra que je meure.
  Avant de marcher, je suis las.

Je suis le frais jeune homme, altier comme un génie,
  J'aime une femme au pur regard,
Et voici les douleurs, les larmes, l'insomnie.
  On aime, on pleure. Hélas! plus tard,

L'âme de souvenirs doucement remuée,
  On crie : O beaux jours! temps joyeux!—
Car nos amours s'en vont ainsi que la nuée,
  Pluie à nos fronts, pourpre à nos yeux.

Je saigne; tous les cœurs sont ingrats. Je travaille;
  La terre est plus ingrate encor :
Mon maître prend l'épi, mon lit garde la paille;
  J'ai faim, devant la gerbe d'or!

Voici l'âpre vieillesse et je me sens décroître;
  Mes amours, mon cœur en lambeaux,
Gisent en moi; mes jours sont les arches d'un cloître
  Jetant leur ombre à des tombeaux.

Ma vie est un suaire et j'en suis le squelette.
  Les ans, des maux accompagnés,
Me garrottent; chaque heure est une bandelette
  Sur mes ossements décharnés.

Suis-je une âme? est-ce un Dieu qui m'attend? Rien ne semble
  L'explication à mes yeux;
Et ce double inconnu, sous mon grabat qui tremble,
  Croise ses X mystérieux.

La blême horreur du gouffre effare mes prunelles :
    Mon jour s'éteint, pâle et terni...
Azur! azur! azur! Dieu vivant! j'ai des ailes!
    O bleu profond de l'infini !

26 juillet 1854.

XXIII

Sombres aboyeurs des ténèbres,
Abîmes, que me voulez-vous?
Que demandez-vous, nuits funèbres?
Pourquoi soufflez-vous, vents jaloux?
Pourquoi, mêlant brumes, nuées,
Tourbillons, flots pleins de huées,
Multiplier autour de moi,
Devant mes prunelles obscures,
Dans toutes ces vagues figures
Les attitudes de l'effroi?

Je suis une âme; ombres farouches,
Je vous échappe; mon flambeau

Ne peut être éteint par vos bouches,
Gouffres de l'énorme tombeau !
Je ne vous dois rien que ma cendre,
Que ma chair qui doit redescendre,
Vaine argile qui dure peu,
Poussière d'où l'esprit s'élance.
Je vous la donnerai. Silence !
Et laissez-moi songer à Dieu.

XXIV

OMBRE

Nous sommes deux familles d'hommes,
Savants et voyants; les uns fils
Des Paris, des Londres, des Romes,
Les autres d'Ur et de Memphis;
Nous, faits pour l'ombre, humbles apôtres,
Qui tâchons de savoir; les autres,
Prophètes pleins d'Adonaï,
Ames d'extase ou de colère
Qu'à travers les siècles éclaire
Le flamboiement du Sinaï.

Penchés à la même fenêtre,
Ils regardent, nous écoutons.

Un esprit différent pénètre
Les Moïses et les Newtons;
C'était ainsi, même à l'aurore,
Lorsqu'aux mages parlait encore
La muse aux lèvres de corail,
Aux temps où ces rêveurs sauvages
Voyaient descendre des nuages
Le centaure au double poitrail.

Nous que la science accompagne,
Eux que le bleu rayon conduit,
Nous montons la même montagne;
Pour nous tout meurt, pour eux tout luit;
Tous ensemble, par la prière,
Ou par l'idée, âpre ouvrière,
Fouillant le sol, cueillant le fruit,
Nous sondons l'âme et la matière,
Eux sur le versant de lumière,
Nous sur le versant de la nuit.

★

Obscurité! le songe lève
Son front dans la réalité.
Que serait l'être sans le rêve,
Et la face, le voile ôté?

OMBRE.

L'âme est de l'ombre qui sanglote.
Moi l'atome, j'erre et je flotte.
J'allais, ô pleurs ! j'aimais, ô deuil !
Mon seuil s'ouvre sur le naufrage.
Ma maison, quand la mer fait rage,
Sonne, la nuit, comme un écueil.

Que dites-vous à l'âme humaine,
Que bégayez-vous pour mon cœur,
Monde, vision, phénomène,
Eau lugubre, aquilon moqueur?
A quoi, sous la neige ou les laves,
Pensent les monts, ces vieux esclaves,
Fouettés de tous les fouets de l'air,
Ces patients du grand supplice,
Vêtus d'ombre, et sous leur cilice
Marqués du fer chaud de l'éclair?

N'est-il pas lugubre de dire
Que la porte sombre est sans clé,
Que la terre où l'homme respire
Est comme un manuscrit roulé?
Il semble que toutes les forces
Se donnent pour but les divorces,
Et que la nature ait pour vœu
D'ôter l'aube du cimetière
D'épaissir l'horreur, la matière
Et l'énigme entre l'homme et Dieu,

Est-ce donc qu'ils sont nécessaires
Tous ces fléaux dont nous souffrons ?
Pourquoi cet arbre des misères
Croisant ses ombres sur nos fronts ?
Le mal nous tient. Où sont les causes ?
On dirait que le but des choses
Est de cacher Dieu qui nous fuit,
Que le prodige obscur nous raille,
Et que le monde entier travaille
A la croissance de la nuit.

Que regarde dans les bois fauves
Le grand cerf à l'œil égaré ?
Vénus, qui luis sur les monts chauves,
D'où te vient ton rayon sacré ?
Qu'est-ce que ton anneau, Saturne ?
Est-ce que quelque être nocturne,
Quelque vaste archange puni,
Quelque Satan dont le front plie,
Fait tourner sur cette poulie
La chaîne du puits infini ?

Que tu menaces ou promettes,
Dis-nous le secret de tes pleurs,
Aube ? Et vous, qu'êtes-vous, comètes,
Faces aux horribles pâleurs ?
Êtes-vous, dans l'éther qui roule,
Des étoiles dont le sang coule
Faisant des mares de clarté ?
Venez-vous des noirs ossuaires ?

Êtes-vous, traînant vos suaires,
Les mortes de l'immensité?

O profondeurs épouvantables,
Qu'est-ce donc que vous me voulez ?
Que dois-je lire sur vos tables,
Cieux temples, porches étoilés ?
Ta rougeur de naphte et de soufre,
Ta clarté qui m'aveugle, ô gouffre,
Est ce la vérité qui luit ?
Le vent souffle-t-il sur mon doute
Quand, penché sur l'ombre, j'écoute
Ce que dit ce crieur de nuit?

Par moments, dressé sur ma couche,
Sombre et peut-être blasphémant,
Je suis prêt à crier, farouche :
Allons, laisse-moi, firmament !
Par moments, je suis prêt à dire :
Vous dont je sens l'or dans ma lyre,
Le flamboiement dans mon courroux,
L'air dans mes strophes hérissées
Et les rayons dans mes pensées,
Astres, de quoi vous mêlez-vous?

La vie et la mort, qu'est-ce, abîme ?
Où va l'homme pâle et troublé?
Est-il l'autel ou la victime?
Est-il le soc, est-il le blé?

Oh! ces vents que rien ne fait taire!
Que font-ils de nous sur la terre,
Tous ces souffles prodigieux?
Quel mystère en nous se consomme?
Qu'apportent-ils de l'ombre à l'homme?
Qu'emportent-ils de l'homme aux cieux?

Énigme! Où je dis : pourriture!
Le vautour vient et dit : festin!
Qu'est-ce que c'est que la nature?
Qu'est-ce que c'est que le destin?
Marchons-nous dans des routes sûres?
Dépend-il des forces obscures
De tordre là-bas mon chemin?
Peux-tu, sort fatal qui nous pousses,
Dans l'ombre, à force de secousses,
Changer la forme de demain?

Toutes ces lois qu'un faux jour perce,
Vie et sort, textes décevants
Dont le sens confus se disperse
Dans l'âpre querelle des vents,
Ce monde où chaque élément jette
Son mot à l'âme qui végète,
Cette nature aux fatals nœuds,
Ce destin hagard qui nous brise,
N'est-ce qu'une immense méprise,
Malentendu vertigineux?

L'ancre est un poids qui rompt le câble.
Tout est promis, rien n'est tenu.
Serait-ce donc que l'implacable
Est un des noms de l'inconnu ?
Quel est donc ce maître farouche
Qui pour la toile fait la mouche,
L'orageux cheval pour le mors,
Tous les escaliers pour descendre,
Oui pour non, le feu pour la cendre,
La mémoire pour le remords ?

Quand dans les forêts forcenées
Court l'ouragan, ce furieux
Arrache-t-il à nos années
Quelque lambeau mystérieux ?
L'arbre, qui sort d'une fêlure,
A-t-il en bas sa chevelure
Qui plonge au globe rajeuni ?
Penseurs, têtes du ciel voisines,
Vos cheveux sont-ils les racines
Par où vous puisez l'infini ?

Est-ce l'effroi des cieux horribles
Que je sens en moi palpiter
A de certains moments terribles
Où le monde semble hésiter ?
Aux heures où la terre tremble,
Quand la nuit s'accroît, quand il semble

Qu'on voit le flot noir se gonfler,
Quand la lune s'évade et rampe,
Quand l'éclipse sur cette lampe,
Masque sinistre, vient souffler !

Et toi, la grande vagabonde,
L'hydre verte au dos tortueux,
Que dis-tu, mer où l'ombre abonde,
Bouleversement monstrueux ?
O flots ! ô coupe d'amertume !
Quel symbole êtes-vous, écume,
Bave d'en bas jetée au jour,
Fange insultant l'aube sereine,
Éternel crachat de la haine
A l'éternel front de l'amour !

Laissons les flots battre la plage !
Laissons la mer lugubre en paix !
Et laissons l'orageux feuillage
Frissonner dans les bois épais !
Ne troublons pas les harmonies
Rauques, étranges, infinies,
Des océans et des typhons !
Laissons les vents à leurs démences !
Et laissons dans les cieux immenses
S'envoler les aigles profonds !

★

Je vais, j'avance, je recule,
Je marche où plus d'un se perdit;
Par moments dans ce crépuscule
Une voix lugubre me dit :
— Que cherches-tu ? tout fuit, tout passe.
La terre n'est rien. Et l'espace,
Que contient-il ? Est-ce réel ?
Tu ne peux qu'entrevoir, atome,
La création, ce fantôme,
Derrière ce linceul, le ciel.

Où vas-tu, pauvre âme étonnée ?
Monade, connais-tu l'aimant ?
Que sais-tu de la destinée,
Et que sais-tu du firmament ?
Connais-tu le vrai, le possible,
Tous les réseaux de l'invisible,
Ce qui t'attend, ce qui te suit ?
Connais-tu les lois éternelles ?
Entends-tu les tremblements d'ailes
Dans les grands filets de la nuit ?

Sens-tu parfois, dans l'ombre infâme
Qu'agite un vent farouche et lourd,
Une toile où se prend ton âme
Et sur laquelle un monstre court ?
Sens-tu parfois, fils de la terre,
S'ouvrir sous tes pieds le mystère,
Et se mêler, ô passant nu,
A tes cheveux que l'hiver mouille,
Les fils de la sombre quenouille,
Les cheveux du front inconnu ?

Les constellations tragiques,
Ouvrant sur vous leurs fauves yeux,
Passent, grandes larves magiques,
Sur nos destins mystérieux,
Aveugle, qui croit les cieux vides !
Quelques-unes, les plus livides,
Apparurent, ô sombre esprit,
En chiffres noirs dans les ténèbres
Sur les dés des joueurs funèbres
Qui jouaient la robe du Christ.

Mais insensé qui s'imagine
Connaître tous les horizons,
La tombe, la fin, l'origine,
Se dévoue et crie : Avançons !
Insensé ce Jésus lui-même
Qui s'immole parce qu'il aime !
Insensés les audacieux
Qui se jettent dans le cratère

Rêvant le progrès sur la terre
Ou le paradis dans les cieux !

Quand tu vois rire le squelette,
Es-tu sûr que ce noir rictus
Où le jour d'en bas se reflète
N'est pas, pour les bons abattus,
Pour les justes sur qui tout pèse,
Pour les martyrs dans la fournaise,
Pour l'esprit croyant et créant,
Pour l'âme espérant sa patrie,
L'épouvantable moquerie
Du tombeau qui sait le néant ?

XXV

LUMIÈRE

Non ! il ne se peut, ô nature,
Que tu sois sur l'homme au cachot,
Sur l'esprit, sur la créature,
De la haine tombant d'en haut !
Il ne se peut pas que ces forces
Mêlent à tous leurs noirs divorces
L'homme, atome en leurs poings tordu,
Lui montrent l'horreur souveraine,
Et fassent, sans qu'il les comprenne,
Des menaces à l'éperdu !

Il ne se peut que l'édifice
Soit fait d'ombre et de surdité;

Il ne se peut que sacrifice,
Héroïsme, effort, volonté,
Il ne se peut que la sagesse,
Que l'aube, éternelle largesse,
La rose qui s'épanouit,
Le droit, la raison, la justice,
Tout, la foi, l'amour, aboutisse
Au ricanement de la nuit !

Il ne se peut pas que j'invente
Ce que Dieu n'aurait pas créé !
Quoi ! pas de but ? quoi ! l'épouvante ?
Le vide ? le tombeau troué ?
Non ! l'être, ébauche, en Dieu s'achève.
Il ne se peut pas que mon rêve
Ait plus d'azur que le ciel bleu,
Que l'infini soit un repaire,
Que je sois meilleur que le père,
Que l'homme soit plus grand que Dieu.

Quoi ! je le supposerais juste
Ce Dieu qui serait malfaisant !
C'est moi qui serais l'être auguste,
Et ce serait lui l'impuissant !
L'homme aurait trouvé dans son âme
L'amour, le paradis, la flamme,
La lumière sur la hauteur,
Le bonheur incommensurable...
Dieu ne serait qu'un misérable,
L'homme serait le créateur !

Oui, comme, après tout, c'est un songe
Qu'un monde formé de néant,
Qui fit le mal fit le mensonge;
C'est moi qui reste le géant !
Que ce Dieu vienne et se mesure !
Qu'il sorte donc de sa masure !
Il fit le mal, j'ai cru le bien ;
J'ai contre lui, si je me lève,
Toute la gloire de mon rêve,
Toute l'abjection du sien !

Non ! non ! la fleur qui vient d'éclore
Me démontre le firmament.
Il ne se peut pas que l'aurore
Sourie à l'homme faussement,
Et que, dans la tombe profonde,
L'âme ait droit de dire à ce monde
D'où l'espoir toujours est sorti,
A ces sphères, de Dieu vassales,
Affirmations colossales :
Étoiles ! vous avez menti !

Ce qui ment, c'est toi, doute ! envie !
Il ne se peut que le rayon,
Que l'espérance, que la vie
Soit une infâme illusion !
Que tout soit faux, hors le blasphème !
Et que ce Dieu ne soit lui-même,

Dans son vain temple aérien,
Que l'immense spectre Ironie
Regardant, dans l'ombre infinie,
L'univers accoudé sur Rien !

Un Dieu qui rirait de son œuvre,
Qui rirait des justes déçus,
Et du cygne et de la couleuvre,
Et de Satan et de Jésus,
Un tel Dieu serait si terrible
Que, devant cette face horrible,
L'âme humaine se débattrait
Comme si, par ses ailes blanches,
Elle était prise sous les branches
De quelque sinistre forêt !

Que Rabelais, rieur énorme,
Railleur de l'horizon humain,
Borné par le nombre et la forme,
Hue aujourd'hui sans voir demain ;
Qu'il joue, étant jouet lui-même,
Avec la vie et le problème,
Qu'importe ! il passe, il meurt, il fuit ;
Il n'est ni le fond, ni la cime ;
Mais un Rabelais de l'abîme
Ferait horreur, même à la nuit !

Que les éclairs soient les augures,
Que le vrai sorte du plaintif,

LUMIÈRE.

Que les fléaux, sombres figures,
Disent le mot définitif,
Je ne le crois pas! Vents farouches,
Nuits, flots, hivers, enflez vos bouches,
Tordez ma robe dans mes pas,
Étendez vos mains sur moi, faites
Tous vos serments dans les tempêtes,
Ténèbres, je ne vous crois pas!

Je crois à toi, jour! clarté! joie!
Toi qui seras ayant été,
A toi, mon aigle, à toi, ma proie,
Force, raison, splendeur, bonté!
Je crois à toi, toute puissance!
Je crois à toi, toute innocence!
Encore à toi, toujours à toi!
Je prends mon être pierre à pierre;
La première est de la lumière;
Et la dernière est de la foi!

Dieu! sommet! aube foudroyante!
Précipice serein! lueur!
Fascination effrayante
Qui tient l'homme et le rend meilleur!
De toutes parts il s'ouvre, abîme.
Quand on est sur ce mont sublime,
Faîte où l'orgueil toujours s'est tu,
Cime où vos instincts vous entraînent,
Tous les vertiges qui vous prennent
Vous font tomber dans la vertu.

Donc laissez-vous choir dans ce gouffre,
Vivants! grands, petits, sages, fous,
Celui qui rit, celui qui souffre,
Vous tous! vous tous! vous tous! vous tous!
Tombez dans Dieu, foule effarée!
Tombez, tombez! roulez, marée!
Et sois stupéfait, peuple obscur,
Du néant des songes sans nombre,
Et d'avoir traversé tant d'ombre
Pour arriver à tant d'azur!

Oh! croire, c'est la récompense
Du penseur aimant, quel qu'il soit ;
C'est en se confiant qu'on pense,
Et c'est en espérant qu'on voit!
Chante, ô mon cœur, l'éternel psaume!
Dieu vivant, dans ma nuit d'atome,
Si je parviens, bien loin du jour,
A comprendre, moi grain de sable,
Ton immensité formidable,
C'est en croyant à ton amour!

IV

I

Autrefois, dans les temps de la lumière pure,
L'antique poésie à l'antique nature
Parlait; le vers ailé, fier, sublime, ingénu,
Était comme un oiseau, des autres reconnu,
Auquel l'aigle disait : c'est toi ! Dans les nuées,
Les cimes des forêts gravement remuées,
Les antres, les rochers, les lys, les flots marins
Dialoguaient avec Orphée aux yeux sereins;
Les choses comprenaient le chant profond des hommes;
La tige offrait ses fleurs, la branche offrait ses pommes
Au doux mage Linus par la muse enivré;
Quand Homère chantait, le mendiant sacré,
Le vieux Terme attendri se tournait sur les bornes,
Et la chèvre, l'agneau, le bœuf aux larges cornes,

La vache au pis gonflé broutant les verts gazons,
Rêveurs, levaient la tête au-dessus des buissons
Et, les yeux éblouis d'une lueur divine,
Venaient, pour regarder passer dans la ravine,
Plein de rires, de chants, de masques et d'épis,
Le vieux chariot fou que promenait Thespis.

5 novembre 1853. Jersey.

II

A UN POÈTE

Quand tu marches, distrait, dans la ville où tout passe,
Où lutte une cohue, âpre, aveugle et rapace,
Tu livres ta pensée aux calmes visions;
Tu sembles écouter, belle âme qu'on envie,
Au delà de la foule, au delà de la vie,
     De vagues acclamations.

Oui, la postérité que ton grand nom éveille,
Et qui dès à présent murmure à ton oreille,
O grand homme, ô songeur, sait déjà que tu vis.
Elle voit tous tes vers poindre à leur origine;
Tout ce que ton esprit rêve, apprête, imagine,
     Est visible à ses yeux ravis.

O poète profond qu'on suit et qu'on révère,
L'œuvre est encor cachée en son esprit sévère,
Dérobant dans la nuit ses traits graves et beaux,
Que la gloire déjà la distingue dans l'ombre,
La gloire, astre tardif, lune sereine et sombre
    Qui se lève sur les tombeaux !

La gloire voit ton rêve ! et sa clarté nocturne,
Comme jadis Phœbé dans le bois taciturne
Baisait Endymion de son rayon ami,
Du fond de l'avenir caresse avec mystère,
A travers les rameaux de ta pensée austère,
    Le chef-d'œuvre encore endormi !

29 décembre 1811.

III

Honte au vain philosophe, à l'artiste inutile
Qui ne met pas son sang et son cœur dans son style !
Honte au sophiste assis sur le seuil des vertus
Qui commente Platon sans méditer Brutus !
Honte à ceux, qui, bruyants, adorent la patrie,
En font une publique et chaude idolâtrie,
Et qui, quand l'heure vient du gouffre et du péril,
Ne l'aiment pas jusqu'à lui préférer l'exil !
Honte au tribun qui crie au peuple de le suivre
Et qui se sent à l'âme un lâche amour de vivre.
Honte au rhéteur qui dit : Progrès, humanité,
Avenir ! sans vouloir le calvaire à côté !
Ils peuvent un moment charmer Athène ou Rome,
Tromper Sparte ; l'antique honnêteté de l'homme,

Qui marchande la gloire aux lutteurs peu meurtris,
Gronde et n'est pas leur dupe, et montre leurs écrits
Cloués sur son comptoir comme fausse monnaie;
Et ce vieux peseur d'or, le temps, qui juge et paie,
Qui dit à l'un : toujours ! qui dit à l'autre : assez !
Refuse à son guichet leurs noms vertdegrisés.

IV

A UN GRAND COMÉDIEN

Va, sois le messager des poètes sublimes !
Emporte l'âme humaine à leurs augustes cimes.
Marche comme celui qui vient du Cythéron.
Fais éclater leur voix sur la foule pressée ;
     Prends leur pensée
    Comme un clairon.

Sois Othello, Macbeth, Titan, Oreste, Achille !
Sois l'apparition de Shakspeare et d'Eschyle,
L'ombre que ces penseurs font sortir de l'enfer,
La création sombre où resplendit leur flamme.
    Ils en sont l'âme,
    Sois-en la chair.

Prends les dieux corps à corps. Conquiers ces vastes rôles
Qui font plier le faible aux chétives épaules.
Transforme-toi, grandis dans nos émotions.
Sois le géant! sois l'aigle à l'immense envergure!
      Sois la figure
      Des visions!

Rôde avec Yorick près des fosses ouvertes.
Cherche avec Caliban les solitudes vertes.
Sois chevalier, valet, prêtre, empereur, bourreau.
Partout, en haut, en bas, qu'un esprit t'accompagne!
      Sois Charlemagne
      Et Figaro!

Invente en traduisant. Lutte avec les idées
Des poètes, semeurs des âmes fécondées.
Lutte avec leurs beautés qui nous viennent ravir.
Saisis-les, dompte-les, ces beautés souveraines,
      Et par ces reines
      Fais-toi servir.

Sur le vers frémissant, plein de tragiques haines,
Qui se tord au seuil noir des passions humaines,
Composé d'idéal et pétri de limon,
Dresse-toi formidable, éblouissant, étrange,
      Comme l'archange,
      Sur le démon.

A UN GRAND COMÉDIEN.

Prêtre des dieux de l'art, emplis de leur génie
Le peuple aux mille échos qui les raille et les nie.
Répands ton âme à flots sur l'homme qui sourit;
Car, toujours dépensée, elle est toujours entière.
   Sur la matière
   Verse l'esprit.

28 juillet 1817.

V

Lorsque j'étais enfant, sortant de rhétorique,
J'envoyais aux journaux de la prose lyrique
En l'honneur des géants du sombre esprit humain;
J'essayais d'expliquer leur but et leur chemin,
De quel pas ils marchaient et vers quelle lumière;
Ce qu'ils faisaient; pourquoi la Bible est la première;
Et plus bas l'Iliade; et je disais pourquoi
Molière demi-dieu passe Corneille roi;
Ce qu'est Milton; pourquoi je n'étais pas athée
Au génie; et pourquoi j'admirais Prométhée;
Pourquoi je contemplais les esprits éclatants,
Poètes, orateurs, sages. — Puis, par instants,
Je m'écriais, brisant mes plumes inquiètes :
— A quoi bon célébrer en prose les poètes?

Louer l'immensité, l'azur, la profondeur !
Peut-on dorer la flamme et grandir la grandeur ?
Chanter Homère en style à trente sous la page !
Coudre un panégyrique, inutile tapage,
Accrocher ma louange en verres de couleur
Au roi Priam, géant de l'antique douleur,
A Job, à Jérémie, à Dante, à toi Shakspeare,
Au vieil Eschyle en qui le vieux Titan respire !
Dire au génie, au bas d'un journal : Sois béni !
Vanter ces écrivains du grand livre infini
Dont la foule ne sait même pas l'orthographe !
Pendre une girandole en bouchons de carafe
A l'anneau de Saturne énorme et flamboyant !

Et tout bas une voix me disait : — O croyant,
Le ciel t'a mis dans l'âme une lyre ingénue ;
Non, ne t'arrête pas ! tu fais bien, continue.
Admire. C'est ainsi qu'on vole au firmament.
Comprendre le génie est le commencement.
L'esprit religieux, dans ce monde où nous sommes,
Ébauche l'hymne à Dieu par un hymne aux grands hommes.
Les grands hommes, enfant, sont les lueurs de Dieu.
Ils sont l'ardente roue autour du sombre essieu.
Ils jettent, des hauteurs de leur brûlant solstice,
L'un de la vérité, l'autre de la justice,
L'autre de la sagesse, et tous de l'infini.
Le penseur qui, d'en bas à leur splendeur uni,
Tente l'ascension de leur sommet austère,
Voit dans tous ces esprits les degrés du mystère,
Il sent dans chacun d'eux l'être inconnu qui vit,
Il va de l'immortel à l'éternel, gravit

Du poëte au prophète et du sage à l'apôtre,
Et, montant pas à pas d'une clarté sur l'autre,
Épelant le saint nom sur chaque front vermeil,
Fait avec les rayons une échelle au soleil.

1ᵉʳ février 1855.

VI

L'hexamètre, pourvu qu'en rompant la césure,
Il montre la pensée et garde la mesure,
Vole et marche; il se tord, il rampe, il est debout.
Le vers coupé contient tous les tons, il dit tout.
C'est ce qui fait qu'Horace est si charmant à lire.
Son doigt souple à la fois touche à toute la lyre.

VII

Doux poètes, chantez ! Dans vos nids, sous la feuille,
    Même au déclin des ans,
L'aube vous rit ; soyez les seuls dont l'amour veuille
    Dorer les cheveux blancs !

Le poète est un chant qui vole à nos oreilles ;
    Il vit dans un rayon ;
Enfant, il est Platon baisé par les abeilles,
    Et, vieux, Anacréon.

O poètes ! vivez, aimez, battez de l'aile,
    Radieux et cachés !
Le bonheur vous convie à sa fête éternelle !
    Mais, si vous approchez

Des révolutions énormes et sévères,
   Fier chaos, gouffre obscur,
Où les sommets ont tous des formes de calvaires,
   Renoncez à l'azur !

Renoncez à l'amour, renoncez à la fête !
   Faites-vous de grands cœurs
Qui, dans plus de souffrance et dans plus de tempête,
   Se sentent plus vainqueurs.

Le genre humain, depuis six mille ans à la chaîne,
   Levant soudain le front,
S'est enfin révolté contre la vieille peine,
   Contre le vieil affront ;

Il faut être puissant et grave quand on entre
   Dans ces rébellions.
Soyez oiseaux, alors ne volez pas dans l'antre,
   Ou devenez lions.

   18 avril 1851.

VIII

Écoutez la voix touchante
De l'oiseau de l'air qui chante,
Du poète qui sourit ;
Écoutez ces voix fidèles,
Car les oiseaux ont des ailes
Et le poète a l'esprit.

Pendant que le vin t'enivre,
Pendant que tu lis le livre
Choisi par ta vanité,
Ou que tu te prostitues
A ces trois froides statues,
Richesse, orgueil, volupté ;

Pendant que, face ridée,
Tu vas traînant ton idée,
Creusant ta vie ou ton champ ;
Pendant que ton instinct mène
Dans la grande ornière humaine
Quelque chariot penchant ;

Tandis que, gais ou moroses,
Vous faites cent tristes choses
Qui vous font baisser les yeux,
Vous avez tous sur vos têtes
Les oiseaux et les poètes
Pêle-mêle dans les cieux.

21 uin 1843.

IX

Pour nous, nouveaux venus qui voyons l'astre éclore,
Fils d'une époque où tout a des lueurs d'aurore,
Pour nous, gens d'aujourd'hui, qui sortons du brouillard,
Qui n'échafaudons point pêle-mêle dans l'art
Près d'un spectre de bronze une poupée en cire,
Tancrède près d'Oreste et près d'Électre Alzire,
Et ne confondons point l'antique avec le vieux,
Le ciel où Boileau plane est un ciel pluvieux;
L'art n'est plus le salon de Madame du Maine ;
Une odeur de moisi sort du bon Théramène;
La tragédie est froide et sent le renfermé.
Oui, pour quiconque a vu, marché, souffert, aimé,
Les règles d'autrefois sont une cave humide ;
Tout, même le génie, y baisse un front timide;

La pauvre muse y tousse ; à peine peut-on voir
Voler en clignotant sous ce grand plafond noir
Une chauve-souris qu'on nomme l'âme humaine.

De l'air ! de l'air ! qu'au vrai l'idéal nous ramène !
Quand Racine blêmi n'est plus qu'un Campistron,
Quand l'art languit, avec Brossette pour patron,
Honteux d'être sous clef quand l'aigle est dans la nue,
C'est l'honnête devoir de toute âme ingénue
D'entrer là, de tirer largement les rideaux,
D'épousseter sonnets, idylles et rondeaux,
Et d'ouvrir à grand bruit la fenêtre, indignée
D'avoir chassé le jour et logé l'araignée.

X

BONHEUR D'ADMIRER

Femmes belles entre les femmes,
Fiers poètes, grands cœurs ouverts,
Qui traînez après vous les âmes
Ivres d'un sourire ou d'un vers,

Qui que vous soyez, ô génies,
Fronts divins, gloire, et toi, beauté,
Vous qui, vivantes harmonies,
Venez à nous dans la clarté,

Quand je mêle aux bravos sans nombre
Mon obscure acclamation,

Ne vous retournez pas vers l'ombre
Et ne demandez pas mon nom.

Qu'importe mon nom, or ou cuivre,
Perle ou goutte d'eau dans la mer !
Je suis de la foule pour suivre
Et de l'élite pour aimer.

19 février 1849.

XI

A PROPOS D'UNE GRILLE DE BON GOUT

Le bon goût, c'est une grille.
Gare à ce vieux bon goût-là !
De tout temps, sous son étrille,
Pan, le bouc sacré, bêla.

Le goût classe, isole, trie,
Et, de crainte des ébats,
Met de la serrurerie
Autour de tout, ici-bas.

Il cloître, et dit : j'émancipe.
Il coupe, et dit : j'ai créé.

Être sobre est son principe,
Des malades agréé.

Il est cousin de l'envie,
Il est membre des sénats.
Il donne au cœur, à la vie,
La forme d'un cadenas.

Sur un l'inde jaune d'ocre,
A mi-côte, en l'art petit,
Il satisfait, médiocre,
Son absence d'appétit.

Devant le grand il recule.
Soit ! ce n'est point sans dégâts
Qu'on est touché par Hercule
Ou pris par Micromégas.

Contre toutes les folies,
Les chefs-d'œuvre, les rayons,
Et les femmes trop jolies
Il prend ses précautions.

Pour lui, l'idéal, le style,
L'homme, les bois, les oiseaux,
Ont pour but de rendre utile
Une paire de ciseaux.

Il fait les âmes jésuites,
Il fait les esprits pédants,
Et, tranquille sur les suites,
Dit : Prenez le mors aux dents !

Cul-de-jatte, sois lyrique !
Lièvre, deviens effréné !
Couvre-toi de roses, trique !
Macette, sois Évadné !

Taupe, allume le tonnerre.
Dompte, oison, les flots marins.
Çà, porte-moi, poitrinaire,
Deux cents kilos sur les reins.

Crétin, lâche ton génie.
Glaçon, tâche d'avoir chaud.
Étreins ferme Polymnie
Entre les deux bras, manchot !

S'abrutir est le précepte
Le plus clair du rituel.
C'est à force d'être inepte
Qu'on devient spirituel.

C'est là tout l'art poétique.
Galoper très bien, beaucoup,
Avec ce point pleurétique
Qu'on appelle le bon goût.

Le goût nous donne licence.
Fais tout ce que tu voudras.
Avec celle réticence
Que nous serons des castrats.

L'effet de son beau désordre
Rate, si nous oublions
Qu'une défense de mordre
Est intimée aux lions.

Définitions : Mesdames
Et messieurs, l'ancien bon goût,
C'est l'âne ayant charge d'âmes,
C'est Rien grand prêtre de Toul.

C'est bête sans être fauve,
C'est prêcher sans enseigner,
C'est Phœbus devenu chauve,
Qui tâche de se peigner.

L'échevelé l'exaspère.
Que lui veut cette toison

Désagréable et prospère
Du grand art, jeune à foison ?

Le goût, tondu, n'aime aucune
Chevelure en liberté.
Car un crâne a la rancune
D'un amoureux déserté.

Crânes nus, hommes sans flammes,
Souffrent, et sont indignés
De ces cheveux, de ces femmes
Qui les ont abandonnés.

XII

Shakspeare, s'échappant au milieu des huées,
Surgit, front orageux, de l'ombre des nuées.
Ce noir poète fit une œuvre, en vérité,
Si rude et si superbe en son énormité,
Si pleine de splendeurs, de vertiges, d'abîmes,
Et de rayonnements s'épandant sur les cimes,
Si sombre et si féconde en gouffres inouïs,
Que, depuis trois cents ans, les penseurs éblouis
La contemplent, surpris que tout les y ramène,
Ainsi qu'une montagne au fond de l'âme humaine.

XIII

Les instruments sont pleins de la voix du mystère.

J'aime le cor profond dans le bois solitaire ;
J'aime l'orgue, tonnerre et lyre, éclair et nuit,
Bronze et frémissement, force énorme de bruit,
Fournaise d'harmonie aux noires cheminées ;
J'aime la contrebasse aux plaintes obstinées,
Et, sous l'archet tremblant, l'effrayant violon
Qui, mêlant le hautbois, la forêt, l'aquilon,
Et l'aile de la mouche et le fifre et le cistre,
Verse dans l'âme sombre un clair-obscur sinistre.

12 octobre 1854.

XIV

Dans le monde meilleur que rêve mon caprice,
Tout chantera; le chant, du travail est l'ami;
Et, malgré La Fontaine et grâce à Paul Meurice,
La cigale dira son fait à la fourmi.

Un jour, tout finira par être l'harmonie;
Chante en attendant, Jeanne. Au zénith, au nadir,
Dieu collabore avec une lyre infinie;
Un passereau qui chante aide un chêne à grandir.

Quiconque chante émeut la nature ravie;
La musique est la sœur des rayons réchauffants;

Une chanson éparse est utile à la vie ;
Chantez, petits oiseaux ; chantez, petits enfants !

Le soir, à l'heure où l'ombre endort les nids qui rêvent,
Quand tout s'éteint, un astre apparaît au couchant ;
Quant tout se tait, les voix de l'infini s'élèvent ;
La nuit veut une étoile et le silence un chant.

16 janvier 1876.

XV

FRAGMENT DE LETTRE

. . . .
J'étais petit, avec le désir d'être grand.

C'était dans l'ancien temps où Paris, tel que Rome
Qui fut reine du monde et l'esclave d'un homme,
Voyait tomber César, frappé par vingt bourreaux,
Et pleurait son tyran autant que son héros.
Les Bourbons revenaient, famille paternelle;
Le Luxembourg, Pizzo, la plaine de Grenelle
Avaient part à la fête, et Trestaillon régnait;
On massacrait Ney, Brune et Mouton-Duvernet,
Et Murat, parodiste éblouissant d'Achille.

Je savais mal le grec; je voulus lire Eschyle.

J'étais jeune, ignorant, innocent, ingénu;
Je pris chez le premier bouquiniste venu
Un Eschyle en français; car, pour être sincère,
Une traduction m'était fort nécessaire.

Savarin devant qui s'envole un mets friand,
L'ange à qui le démon vole une âme en riant,
Une fille qui laisse échapper une puce,
Colomb qui voit son monde escroqué par Vespuce,
N'ont pas plus de stupeur et de terreur que moi
Croyant trouver Eschyle et rencontrant Brumoy.

XVI

LE RIRE

L'avenir seul peut rire et seul peut bafouer.
Avec le puissant rire il ne faut pas jouer.
Jupiter qui foudroie ou Jupiter qui raille,
Je crains plus le dernier. Le rire est la mitraille.

L'éclat de rire humain poursuit le noir passé,
Taquine les pédants bornés à l'A B C,
Et manque de respect aux oreilles de l'âne;
Il nargue ce qui boite au nom de ce qui plane.
Rois vermoulus, faux dieux gâtés, codes pourris,
Ressemblances de prêtre et de chauve-souris,
Terrible, il frappe tout; il augmente à mesure
Que le jour croît plus clair sur la terre plus sûre;

Il dénonce l'autel et les dogmes pieux
Qui vont en rampe douce aux budgets copieux;
Il veut que l'art plus fier à de grands buts nous mène;
Il ne se laisse rien conter par Théramène;
Si l'ennui se présente, il refuse l'impôt;
Quand, tout émerveillé du fusil Chassepot,
Tartuffe, sabre aux dents, prend un air de victoire,
Il crie à la chienlit derrière cette gloire;
Il voit l'erreur qu'on chasse, assiste sans regrets
A cette fuite sombre au grand vent du progrès,
Et se prodigue, altier, rude, aux tristes figures,
Au juge faux, au prince en retraite, aux augures
Qui ne se peuvent plus regarder sans pleurer.
Il redouble en voyant tout se transfigurer;
Il fait balle, il est feu, projectile, étincelle;
Il crible la routine en retard; il harcèle
Tous ces traînards qu'on voit préférer, engourdis,
Au bel enfant Demain le bonhomme Jadis,
Et, du wagon traîné par l'éclair, il ricoche
Sur la rosse poussive attelée au vieux coche.

28 novembre 1867.

XVII

BIBLIOTHÈQUES

J'aime un livre, je hais une bibliothèque.

Du patagon au turc et du guèbre à l'aztèque,
L'homme délire. Soit. Ses erreurs sont nos deuils.
C'est bien. Mais pourquoi faire à grands frais des recueils
Et des collections qui n'amusent personne
De toutes les façons dont le fou déraisonne?
O bahuts solennels, vénérables amas
Des diverses erreurs dans les divers formats,
Rayons qu'emplit la nuit pédagogique, alcôves
Des bouquins vermoulus chers aux bonshommes chauves;
Cloisons, armoires, trous, compartiments, châssis
Où tous les vieux néants montrent leurs dos moisis,

Dans vos flancs ténébreux, sous la brume des vitres,
Je distingue le tas difforme des bélîtres !

Oh! ceux qu'on ne lit pas et ceux qu'on ne lit plus,
Laharpe et Lebatteux se faisant des saluts
Des deux côtés d'un cippe ou du haut d'un balustre !
Tuet et Patouillet se donnant de l'illustre !
Les adorations de ces cuistres entre eux !
Oh! les socles ventrus sous les bustes goîtreux !
Rapin louant Bouhours ! Oh! le bon voisinage
De Saumaise grattant l'échine de Ménage !
L'ombre amoureusement étreint sous le tasseau
Lipse avec Moreri, Brossette avec Crasso.
L'oie admire le dindo et l'on se congratule ;
La patte cordiale empoigne la spatule ;
Zéro met gravement Nihil sur le pavois.

Bouffissure du vide ! ombre ! Quand je vous vois,
Sombres in-folios classiques, je me sauve !
L'ennui des siècles dort sur votre vélin chauve ;
Le bâillement vous garde affreux, montrant les dents.
O noirs livres flairés du profil des pédants,
Je crois voir, à travers vos pages diaphanes,
Des groins de pourceaux baisant des mufles d'ânes !

XVIII

La nature, éternelle mère,
Vous versa ses chastes faveurs,
Vieil Hésiode, vieil Homère,
O poëtes, géants rêveurs !

Chantres des socs et des épées,
A travers les temps, noir brouillard,
Vous montrez dans vos épopées
L'homme enfant à l'homme vieillard.

On voit en vous, comme une aurore,
Briller ce beau passé doré

Que la Grèce contemple encore
Avec un sourire effaré.

Comme l'ourse et les dioscures
Percent les branchages touffus,
On voit dans vos lueurs obscures
Remuer un monde confus.

On voit, moins divins que vous-mêmes,
Resplendir, calmes et tonnants,
Dans la nuit de vos vieux poëmes
Les olympiens rayonnants !

Votre cime touche les nues.
Dans votre ombre où luit l'orient
Les héros, les déesses nues
Vont et viennent en souriant.

Les dieux, qui pour nous sont des marbres,
Vivent dans vos livres jumeaux.
Comme des oiseaux dans des arbres,
Ils volent dans vos grands rameaux !

29 mars 1847.

———

XIX

Thiers raille Mazzini, Pitt raille Washington,
Juvénal à Nisard semble de mauvais ton,
Shakspeare fait hausser à Planche les épaules.
Avant que la vapeur eût conquis les deux pôles,
Les savants bafouaient Fulton; monsieur Pouillet,
Qui naguère au zénith de l'Institut brillait,
Niait le télégraphe électrique, folie !
L'esprit noué déteste un esprit qui délie;
Celui qui voit de près et bas méprise un peu
Himalaya ; le ciel, ce précipice bleu,
Ce noir puits des éclairs, déplaît à ces bonhommes
Qui ne savent jamais au juste où nous en sommes,
Et qui, fort dédaigneux d'Euler et de Newton,
Ne marchent qu'en tâtant le chemin du bâton ;

Essayez donc de faire admirer aux myopes
Le regard étoilé des sombres Calliopes
Assises sur le Pinde et sondant l'infini !
Eschyle, ce proscrit, et Dante, ce banni,
Radotent, et leur vue est par l'exil faussée ;
L'âme de Job paraît à Prudhomme insensée.
Car c'est aux envieux et c'est aux impuissants
Qu'appartient cette chose auguste, le bon sens ;
L'époux que se choisit la foule, c'est l'eunuque;
Le chef incontesté sous qui courbent la nuque
Tout les traîneurs de sabre et les porte-rabats,
C'est un Midas à qui Zoïle parle bas ;
Quand il rôde au milieu des villes, Isaïe
Sent par les noirs vivants sa grande âme haïe,
Et marche sans trouver un cœur qui le comprend ;
Les blêmes insulteurs suivent Corneille errant;
Derrière Milton gronde une meute livide.
Quiconque a le talent d'être lourd étant vide
Est sûr d'être admiré des fats et des jaloux,
Ces chiens qui pour les grands et les forts sont des loups;
Voyez-les se jeter sur les talons d'Homère !
Voyez-les vénérer le crétin éphémère,
Le zéro solennel qui, pour l'instant, prévaut
Chez la gent soldatesque ou dans le clan dévôt !
Un idiot étant l'étui d'un personnage,
Il suffit qu'un grimaud soit plus vieux que son âge
Et qu'il se taise avec l'air d'un niais profond
Pour qu'on l'estime ; et ceux qui font et qui défont
Tous les noms de hasard mêlés à nos orages,
L'acclament d'une voix enrouée aux outrages,
Sachant qu'on ne peut mieux compléter les assauts
Aux grands hommes raillés qu'en admirant les sots.

Si vous faites le bien, on vous fera la guerre.
Et, sans savoir pourquoi, le stupide vulgaire
Est furieux autour du prophète pensif.

*

Voir le gouffre de haut, voir de loin le récif,
C'est un tort. Être grand, c'est être ridicule.
Pygmée est fier, étant pygmée ; il toise Hercule ;
Myrmidon ne prend pas Titan au sérieux.
Tous ces géants qui sont debout sur les hauts lieux
Font rire Lilliput, fourmilière féroce.

Le nain se sent un poids sur le dos, et sa bosse
Dont il est satisfait, bien qu'en somme un peu las,
Lui fait le même effet qu'à toi le monde, Atlas !
Il te vaut. Qu'a-t-il donc de moins que toi ? Tu portes
Ton fardeau comme lui le sien.

*

       Barrez vos portes
Et fermez les volets, de peur que la raison
Et que la vérité n'entrent dans la maison,
O bourgeois ! Homme docte, homme grave, mollusque,
Qui que tu sois, prends garde à l'irruption brusque
Des clartés, des penseurs, des esprits, dans le trou
Où la nuit sombre a mis ton cœur sous le verrou.
Tu végètes ; prends garde à ce grand danger, vivre.
L'huître doit se fermer dès que s'ouvre le livre ;
Car il suffit d'un mot dans une âme jeté
Pour y creuser un gouffre et l'emplir de clarté.
De la stupidité l'ignorance est l'asile.
Ne lis rien, si tu tiens à rester imbécile.
Comme il sied.

      L'oison glousse et boite, radieux ;
Semblable au paon, l'orgueil, bien qu'il ait beaucoup d'yeux
Ne s'en sert pas pour voir, mais pour être superbe ;
Le faux sage a sa queue épanouie en gerbe
Qui le suit, vit pour lui, l'aime, le croit divin,
Et le rend plus inepte en le rendant plus vain.
C'est le public des sots qui fait cortège au cuistre ;
Le pédant idiot, arrogant et sinistre,

Qu'il soit homme d'église ou bien homme d'état,
Ignore tout, sait tout, et tient pour attentat
Le génie, et Guizot ne veut pas de Voltaire.
Silence, Mirabeau ! Danton, veux-tu te taire !
Ce Galilée est-il assez impertinent
Avec son soleil fixe et sa terre tournant !
Peut-on se figurer rien de plus chimérique
Que ce Colomb faisant ce rêve, l'Amérique !

Contre ces fiers croyants on prend à témoin Dieu.
Les églises, les rois qui sont grands de si peu,
Ces lourdes légions tardigrades, s'indignent
Contre ceux qui vont vite, et qui ne se résignent
Jamais à ce qui ment, jamais à ce qui nuit.
Ces hommes parlent haut et font peur à la nuit.
A bas ces amoureux terribles de l'aurore !

*

Les grands penseurs sacrés qu'une flamme dévore.
Les poètes, les forts esprits, les fiers rêveurs
Savent que l'infini ne fait pas de faveurs.
Mais ne fait non plus d'injustices ; ils songent,
Méditant les destins d'en bas qui se prolongent
Dans le profond destin d'en haut, abîme obscur ;
C'est pourquoi leur regard ne quitte point l'azur,

Et s'emplit, dans l'espace où flotte la science,
D'un éblouissement où naît la clairvoyance ;

Sitôt que, se levant sur notre monde noir,
L'astre dieu de l'aurore apparaît, faisant voir
A l'immense chaos l'énormité de l'âme,
Dès que ce monstre d'ombre à crinière de flamme,
Dès que cet inconnu splendide, le soleil,
Effrayant, rassurant, masqué d'éclairs, vermeil,
Surgit, égalisant sous sa lueur superbe
Les grands monts, la rondeur de la mer, le brin d'herbe
Et l'horreur des forêts d'où sort un vague chant,
Dès que fertilisant, achevant, ébauchant,
Vie et mystère, énigme expliquant les problèmes,
Faisant les gouffres clairs, faisant les astres blêmes,
Aidant le cœur à croire et l'esprit à prier,
Il s'est mis au travail comme un bon ouvrier,
Dès qu'il a commencé sa tâche de lumière,
Dès que, lié lui-même à la cause première,
Il a blanchi les cieux, profonde vision,
Et jeté dans la nuit ce plongeur, le rayon
Prompt comme le tonnerre et droit comme la règle,
La taupe lui dénonce un aveugle : c'est l'aigle.

23 avril 1876.

XX

LES GUIDES

Malheur à l'âme qui trafique
De son souffle et de ses rayons !
Allez ! au progrès magnifique
Guidez les générations,
Précipitez-vous au martyre,
Que le supplice vous attire,
Penseurs ! pour vivre il faut souffrir. —
L'homme qui ne peut rien connaître
Marche de cette énigme : naître,
Jusqu'à cet abîme : mourir.

Sur son berceau naît son étoile ;
Comme il ouvrait l'œil, elle a lui.
Comme Isis sous le triple voile,
La conscience habite en lui.
Elle l'éclaire quand il doute ;
Elle lui montre sur sa route
Tout ce que la raison trouva ;
Elle est pareille à la glaneuse ;
Il est libre, elle est lumineuse ;
Il dit : Que suis-je ? Elle dit : Va.

Il sent qu'il contient le mystère,
Qu'il a la bêche et le jardin,
Qu'il doit, condamné de la terre,
Avec Babel refaire Éden.
Apre ouragan ou brise douce,
Il sent qu'il est le vent qui pousse
Les battants du seuil éternel,
Et que les vertus et les crimes
Font tourner sur ses gonds sublimes
La porte invisible du ciel.

D'où vient-il ? Où va-t-il ? Il songe.
Évitera-t-il Dieu lointain ?
Il est maître de son mensonge ;
Un autre est maître du destin.
Il tremble, il se sent responsable
Pour un pas risqué sur le sable,

Pour un souffle sur un flambeau.
O nuit sombre où nous portons l'arche,
La liberté de l'homme marche
Entre la crèche et le tombeau !

4 septembre 1851.

XXI

DANGER DES SOMMETS

O rêveur, ne va pas sur les cimes, j'en viens ;
C'est terrible. Les sourds autans diluviens
    Sont là qui passent et repassent ;
Là, flotte et disparaît tout ce que nous songions ;
Là, dans ces grands tombeaux nommés religions,
    Des corbeaux inconnus croassent.

Crains les hauts lieux hantés par les spectres ; les jeux
De l'abîme ne sont jamais plus orageux
    Que sur les sommets formidables ;
Là, le réel avec l'ignoré se confond,
Et les échelons noirs des visions sans fond
    Sont lugubrement abordables.

Là, rayonne un soleil que la brume élargit
Là, sont les fauves dieux, Néméos qui rugit,
  Python qui siffle, Apis qui beugle;
Sombre éblouissement dont ces grands ingénus,
Les sages, sortent fous, et d'où sont revenus
  Tasse insensé, Milton aveugle !

Ne va pas dans les bois sacrés, ni sur les monts
Où Pythagore a vu la face des démons,
  Où sont toutes ces formes blanches
Dont les mages profonds ne savent que penser,
Et qu'ils guettent, n'osant rien de plus que passer
  Leurs têtes à travers les branches.

Crains l'inspiration farouche du désert;
Le désert est un lieu d'effroi dont Dieu se sert,
  Et n'est point fait pour tes études :
Les gouffres ont parfois dévoré les plongeurs;
Ne baigne pas ton front aux immenses rougeurs
  Du couchant dans les solitudes.

Crains de rencontrer là ce qu'il ne faut pas voir.
Crains les ascensions vers le haut sommet noir.
  Les ombres n'ont rien à te dire.
Cueille ta poésie aux champs, parmi les fleurs,
Et ne va pas chercher de l'épouvante ailleurs
  Puisque avril consent à sourire.

Crains les rudes coups d'aile et les becs flamboyants.
Crains ces halliers où sont des êtres effrayants
    Qui méditent sans lois ni règles.
Si tu cherchais à prendre au vol dans ces forêts
Quelque strophe sauvage, et sombre, tu courrais
    Les périls du dénicheur d'aigles.

23 août 1871.

XXII

Qui que tu sois, esprit, génie,
Toi qui sens ta force et qui vis
Et, dans la gloire ou l'ironie,
De ta grande âme t'assouvis !
Toi qui n'as, sévère nature,
Que toi-même pour nourriture
Et que toi-même pour rayon !
Toi, tout ensemble hymne et huée,
Astre en même temps que nuée,
A la fois caverne et lion !

Quel que soit ton siècle, ombre, orage,
Abandon, peur, haillon, linceul,

Va ! que rien ne te décourage !
Marche ! Homère est nu, Dante est seul.
Laisse s'amonceler les houles !
Laisse s'évanouir les foules !
Va, toi qui n'as pas de remords,
Accepte tes superbes tâches,
Sois l'intrépide chez les lâches,
Et sois le vivant chez les morts !

Quelquefois l'âme humaine lasse
Semble prise d'accablement ;
Le grelottant baise la glace,
L'aveugle aime l'aveuglement.
Décroissances inexorables !
Les choses se font misérables
Et les hommes se font petits.
Tout meurt. Il semble que commence
L'abâtardissement immense
Des cœurs devenus appétits.

Hélas ! parfois un peuple — ô Grèce,
Tu l'as vu ! Rome, tu le sais ! —
Sent une honteuse paresse
D'être grand, et dit : C'est assez !
Assez d'Ajax ! Assez d'Achilles,
De Brutus, de Solons, d'Eschyles !
Assez de héros au front pur !
Assez de ces arches de gloire
Qui font de toute notre histoire
Un pont de géants dans l'azur !

Assez de hautains Propylées,
De Panthéons, de Parthénons!
Assez de têtes étoilées!
Assez de grands hommes!... Dînons.
Toute l'histoire n'est qu'un songe.
Gloire au festin qui se prolonge!
Gloire aux crimes inexpiés!
Que la femme soit de la fête,
Nue avec des fleurs sur la tête,
Des bagues d'or aux doigts des pieds!

Qu'un esprit nouveau nous visite!
Soyons ceux qu'on n'a jamais vus!
Qu'Athènes s'appelle Thersite!
Que Rome s'appelle Davus!
Des vieilles conquêtes vivantes,
O peuple, faisons nos servantes.
Vivre est la seule ambition.
Cuisons, joyeuse foule athée,
Avec le feu de Prométhée
Le souper de Trimalcion!

Alors les pâles multitudes
Qu'attend le sépulcre béant,
Prennent toutes les attitudes
De la fumée et du néant.
Une horrible nuit acharnée
Couvre l'âme, la destinée,

Les pas, les fronts, les cœurs, les yeux ;
La foule dort, boit, mange, ignore,
Rampe, chante et rit ; et l'aurore
Refuse de monter aux cieux.

Voyant que l'homme n'a plus d'aile,
La femme pleure son affront
Et pour le fils qui naîtra d'elle
Se sent de la rougeur au front.
Alors, penseur, c'est l'heure trouble,
Lutte ! que ton effort redouble !
Montre l'idée et le ciel bleu
A l'homme qui, n'osant plus croire,
Voit l'avenir vide de gloire
Et l'univers vide de Dieu.

Quand ton siècle aux basses prudences
Décroît, toi, marche à pas plus francs !
Surgis ! — c'est dans les décadences
Que les grands hommes sont plus grands.
C'est surtout parmi les décombres
Que les hautes colonnes sombres,
Dépassant tout, dominant tout,
Belles dans les débris difformes,
Gisantes paraissent énormes,
Et semblent sublimes debout !

H. H. 10 juin 1870.

XXIII

POURQUOI LES GRANDS HOMMES

SONT MALHEUREUX

Une nuit, j'écoutais, seul, parmi les décombres,
Et j'entendis parler les événements sombres.

— Nous sommes les forgeurs, et les grands hommes sont
Les enclumes que Dieu met dans l'antre profond,
Prêtes au dur travail de créer d'autres races.
Car les hommes sont vils, méchants, lâches, voraces,
Monstrueux, et le temps est venu de changer.
C'est à force de coups qu'on parvient à forger.
Donc les hommes, sans frein, sans loi, sans cœur, sans flamme,
Sans joie, avaient besoin qu'on leur fît une autre âme,

Et que quelqu'un de grand sur eux étincelât.
Il fallait faire à l'homme une âme ayant l'éclat,
Le rayon, la puissance et la douceur, une âme
Paternelle à l'enfant, fraternelle à la femme,
Une âme juste. Un jour, Dieu nous dit : Forgez-leur
Cette âme, et nous donna pour marteau le malheur.
Les grands hommes pensifs étaient là ; nous conclûmes
Que nous pouvions frapper sur ces sombres enclumes.

15 août 1871, Paris.

XXIV

A THÉOPHILE GAUTIER

*

Ami, poëte, esprit, tu fuis notre nuit noire.
Tu sors de nos rumeurs pour entrer dans la gloire,
Et désormais ton nom rayonne aux purs sommets.
Moi qui t'ai connu jeune et beau, moi qui t'aimais,
Moi qui, plus d'une fois, dans nos altiers coups d'aile,
Éperdu, m'appuyai sur ton âme fidèle,
Moi, blanchi par les jours sur ma tête neigeant,
Je me souviens des temps écoulés, et, songeant
A ce jeune passé qui vit nos deux aurores,
A la lutte, à l'orage, aux arènes sonores,

A l'art nouveau qui s'offre, au peuple criant : oui,
J'écoute ce grand vent sublime évanoui.

*

Fils de la Grèce antique et de la jeune France,
Ton fier respect des morts fut rempli d'espérance ;
Jamais tu ne fermas les yeux à l'avenir.
Mage à Thèbes, druide au pied du noir menhir,
Flamine aux bords du Tibre et brahme aux bords du Gang
Mettant sur l'arc du dieu la flèche de l'archange,
D'Achille et de Roland hantant les deux chevets,
Forgeur mystérieux et puissant, tu savais
Tordre tous les rayons dans une seule flamme ;
Le couchant rencontrait l'aurore dans ton âme ;
Hier croisait demain dans ton fécond cerveau ;
Tu sacrais le vieil art, aïeul de l'art nouveau ;
Tu comprenais qu'il faut, lorsqu'une âme inconnue
Parle au peuple, envolée en éclairs dans la nue,
L'écouter, l'accepter, l'aimer, ouvrir les cœurs ;
Calme, tu dédaignais l'effort vil des moqueurs
Écumant sur Eschyle et bavant sur Shakspeare ;
Tu savais que ce siècle a son air qu'il respire,
Et que, l'art ne marchant qu'en se transfigurant,
C'est embellir le beau que d'y joindre le grand.
Et l'on t'a vu pousser d'illustres cris de joie
Quand le drame a saisi Paris comme une proie,

Quand l'antique hiver fut chassé par Floréal,
Quand l'astre inattendu du moderne idéal
Est venu tout à coup, dans le ciel qui s'embrase,
Luire, et quand l'Hippogriffe a relayé Pégase !

*

Je te salue au seuil sévère du tombeau !
Va chercher le vrai, toi qui sus trouver le beau.
Monte l'âpre escalier. Du haut des sombres marches,
Du noir pont de l'abîme on entrevoit les arches ;
Va ! meurs ! la dernière heure est le dernier degré !
Pars, aigle, tu vas voir des gouffres à ton gré ;
Tu vas voir l'absolu, le réel, le sublime.
Tu vas sentir le vent sinistre de la cime
Et l'éblouissement du prodige éternel.
Ton olympe, tu vas le voir du haut du ciel ;
Tu vas, du haut du vrai, voir l'humaine chimère,
Même celle de Job, même celle d'Homère,
Ame, et du haut de Dieu tu vas voir Jéhovah.
Monte ! esprit ! Grandis, plane, ouvre tes ailes, va !

Lorsqu'un vivant nous quitte, ému, je le contemple ;
Car, entrer dans la mort, c'est entrer dans le temple ;
Et, quand un homme meurt, je vois distinctement
Dans son ascension mon propre avènement.

Ami, je sens du sort la sombre plénitude
J'ai commencé la mort par de la solitude ;
Je vois mon profond soir vaguement s'étoiler ;
Voici l'heure où je vais aussi, moi, m'en aller.
Mon fil, trop long, frissonne et touche presque au glaive ;
Le vent qui t'emporta doucement me soulève,
Et je vais suivre ceux qui m'aimaient, moi, banni.
Leur œil fixe m'attire au fond de l'infini.
J'y cours. Ne fermez pas la porte funéraire.

Passons, car c'est la loi ; nul ne peut s'y soustraire ;
Tout penche, et ce grand siècle, avec tous ses rayons,
Entre en cette ombre immense où, pâles, nous fuyons.
Oh ! quel farouche bruit font dans le crépuscule
Les chênes qu'on abat pour le bûcher d'Hercule !
Les chevaux de la mort se mettent à hennir
Et sont joyeux, car l'âge éclatant va finir ;
Ce siècle altier, qui sut dompter le vent contraire,
Expire... O Gautier ! toi, leur égal et leur frère,
Tu pars après Dumas, Lamartine et Musset.
L'onde antique est tarie où l'on rajeunissait ;
Comme il n'est plus de Styx, il n'est plus de Jouvence.
Le dur faucheur avec sa large lame avance,
Pensif et pas à pas, vers le reste du blé ;
C'est mon tour ; et la nuit emplit mon œil troublé
Qui, devinant, hélas ! l'avenir des colombes,
Pleure sur des berceaux et sourit à des tombes.

Hauteville-House, novembre 1872, jour des Morts.

TABLE

TABLE

		Pages.
Aie une muse belluaire......		1

LES SEPT CORDES

I

I.	L'ÉCHAFAUD......	9
II.	TALAVERA......	29
III.	LES DEUX COTÉS DE L'HORIZON......	33
IV.	BOURGEOIS PARLANT DE JÉSUS-CHRIST......	37
V.	J'ai vu, pendant trois jours de haine......	39
VI.	ÉCRIT SUR UN LIVRE DU JEUNE MICHEL NEY....	41
VII.	LA SONNETTE DE LOUIS XIV......	43
VIII.	LE MARABOUT PROPHÈTE......	45
IX.	Le calife a puni les gens de la montagne.....	49
X.	Les mères ont senti tressaillir leurs entrailles.	51
XI.	LE PASSAGE DES ÊTRES SOMBRES......	53

	TABLE.	
		Pages.
XII.	LE CHEIK ET LE VOLEUR............................	57
XIII.	Quand le vieux monde dut périr, sombre damné.	61
XIV.	INSCRIPTION...	63
XV.	POUSSIÈRE DE ROI....................................	65
XVI.	INVOCATION DU MAGE CONTRE LES DEUX ROIS...	67
XVII.	*VIRO MAJOR*..	69
XVIII.	A GEORGES..	73

II

I.	Me voici! c'est moi! rochers, plages............	79
II.	Je ne vois pas pourquoi je ferais autre chose.	81
III.	LETTRE..	83
IV.	Quand la lune apparaît dans la brume.....	87
V.	LE NUAGE...	89
VI.	A CAUTERETS...	91
VII.	Seigneur, j'ai médité...............................	93
VIII.	ÉGLOGUE...	95
IX.	Le soir calme et profond.........................	97
X.	David, le marbre est saint.......................	99
XI.	LE LIERRE..	101
XII.	Nature! âme, ombre, vie! ô figure voilée!.....	103
XIII.	Un monument romain dans ce vieux pré.....	107
XIV.	L'ÉTÉ A COUTANCES................................	109
XV.	Venez nous voir dans l'asile.....................	111
XVI.	A GUERNESEY..	115
XVII.	GROS TEMPS LA NUIT...............................	117
XVIII.	DANS MA STALLE...................................	121

XIX.	C'est l'heure où le sépulcre appelle la chouette.	123
XX.	DROIT DE REPRENDRE HALEINE..................	125
XXI.	QUAND NOUS QUITIONS AVRANCHES............	131
XXII.	Seul au fond d'un désert avez-vous quelquefois.	135
XXIII.	Ne vous croyez ni grand, ni petit. Contemplez.	137
XXIV.	SOIR..	139
XXV.	NUIT..	143
XXVI.	O poète! pourquoi les stances favorites.........	149
XXVII.	VILLE MORTE..................................	151
XXIX.	VÉNUS...	153
XXX.	Qui donc mêle au néant de l'homme vicieux..	155
XXXI.	O RUS..	157
XXXII.	Où donc est la clarté? Cieux!.................	161

III

I.	EFFET DE RÉVEIL..............................	165
II.	L'ENFANT.......................................	167
III.	ÉPITAPHES D'ENFANTS........................	171
IV.	Aucune aile ici-bas n'est pour longtemps posée.	173
V.	LA FEMME.......................................	175
VI.	Si le sort t'a fait riche.......................	181
VII.	A CEUX QUI FONT DE PETITES FAUTES......	183
VIII.	Le père est mort hier..........................	185
IX.	LA PENSÉE DE LA GUERRE IMPORTUNE LES DEVINS.	187
X.	Ah! prenez garde à ceux......................	189
XI.	Oh! que l'homme n'est rien....................	191
XII.	A PAUL M.....................................	193

		Pages.
XIII.	Visions...	195
XIV.	Origine des dieux...	201
XV.	Les écrivains sont tous plus ou moins...	205
XVI.	En sortant d'une église...	209
XVII.	Contemplation. — Consolation...	211
XVIII.	Une nuit je rêvais, et je vis dans mon rêve...	213
XIX.	Je rêve une nature innocente et meilleure...	217
XX.	Dans le cimetière de *** ...	219
XXI.	Oh! dis! pourquoi toujours regarder...	221
XXII.	Inscription de sépulcre...	225
XXIII.	Sombres aboyeurs des ténèbres...	229
XXIV.	Ombre...	231
XXV.	Lumière...	243

IV

I.	Autrefois, dans les temps de la lumière pure...	251
II.	A un poète...	253
III.	Honte au vain philosophe, à l'artiste inutile...	255
IV.	A un grand comédien...	257
V.	Lorsque j'étais enfant, sortant de rhétorique..	261
VI.	L'hexamètre, pourvu qu'en rompant la césure..	265
VII.	Doux poètes, chantez!...	267
VIII.	Écoutez la voix touchante...	269
IX.	Pour nous, nouveaux venus...	271
X.	Bonheur d'admirer...	273
XI.	A propos d'une grille de bon goût...	275
XII.	Shakspeare, s'échappant au milieu des huées..	281
XIII.	Les instruments sont pleins...	283

		Pages.
XIV.	Dans le monde meilleur que rêve mon caprice.	285
XV.	FRAGMENT DE LETTRE......................................	287
XVI.	LE RIRE..	289
XVII.	BIBLIOTHÈQUES..	291
XVIII.	La nature, éternelle mère.............................	293
XIX.	Thiers raille Mazzini, Pitt raille Washington...	295
XX.	LES GUIDES..	301
XXI.	DANGER DES SOMMETS	305
XXII.	Qui que tu sois, esprit, génie.....................	309
XXIII.	POURQUOI LES GRANDS HOMMES SONT MALHEUREUX..	313
XXIV.	A THÉOPHILE GAUTIER................................	315

15713. — Imprimeries réunies, A, rue Mignon, 9, Paris.

www.ingramcontent.com/pod-product-compliance
Lightning Source LLC
Chambersburg PA
CBHW062008180426
43199CB00033B/1612